KB264184

청소년을 위한 가치관 에세이

청소년을 위한 가치관 에세이

청소년을 위한 가치관 에세이

강영계 지음
건국대 철학과 명예교수

해냄

　청춘은 아름답다는 말이 있다. 청소년들은 풋풋하고 싱그러우며 아름답다. 그러나 그 내면을 들여다보면 청소년들은 무수한 고뇌와 번민으로 신음하고 있으며, 친구들의 불우함을 목격하면서 자신의 불우함을 극복하기 위해서 몸부림치고 있음을 발견하게 된다.

　청소년들은 성숙하기 위해서 고뇌와 번민의 강을 건너고 산을 넘는다. 어떤 이들은 강과 산이 너무 험하기에 잠시 쉬어가기도 하고, 어떤 이들은 길을 잃고 오랜 시간 방황하며 자신의 삶을 한탄하기도 한다. 삶의 순간순간이 견딜 수 없을 정도로 힘들기에 어떤 이들은 향락에 잠시 몸을 맡기기도 하고 정처 없이 헤매기도 한다. 그러다 가치관을 상실하고 제 길에서 까마득히 이탈해 버리기도 한다.

　보통 가치라는 것은 사실과 대립된다. 사실은 자연과학적인 것인데 비해서 가치는 인간의 문화와 직결된다. 한강과 설악산은 자연과학적 사실이다. 그러나 "5 더하기 7은 12다.", "김홍도의 민속화는 맛깔스럽고 아름답다.", "몇몇 청소년들이 양로원에서 선행을 했다." 같은 문장들은 자연과학적 사실이 아니고 가치와 연관이 있다. 가치에는 논리적(인식적) 가치, 미적 가치, 윤리적(도덕적) 가치가 있다. 논리적 가치의 기준은 진리와 허위이고, 미적 가치의 기준은 아름다움과 추함이며, 윤리적 가치의 기준은 올바름(선)과 그릇됨(악)이다. 이 중 어느 하나도 버릴 수 없을 정도로 논리적 가치, 미적 가치, 윤리적 가치는 모두 다 중요하다.

그러나 나는 이 책에서 주로 윤리적 가치의 문제를 다루고자 했다. 성숙한 민주 사회에서 행복하게 살기 위해 우선 청소년들에게 가장 시급한 가치는 윤리적 가치이기 때문에 청소년들에게 윤리적·도덕적 가치에 관한 여러 주제들을 제시하고 함께 고민하며 생각하는 시간을 가지고 싶다.

사람들은 도덕이 땅에 떨어졌다고 말한다. 우리 청소년들에게 창의성, 비판 정신, 자주성, 응용력 등이 부족하다고 한다. 청소년들은 사회의 금전만능주의, 물질만능주의, 외모지상주의 그리고 입시 지옥에 짓눌리고 찌들어 있다. 그런 우리 청소년들에게는 자기 자신을 냉정히 바라볼 시간이 무엇보다 절실하다. 땅에 떨어진 도덕을 올바로 일으켜 세우기 위해 그리고 청소년들의 창의성, 비판 정신, 자주성, 응용력 등을 회복하기 위해 나는 윤리적·도덕적 가치에 관해서 청소년들과 함께 특정한 주제를 중심으로 논의하고 토론하려고 이 책을 마련했다.

청소년들의 건전한 가치관 형성이 왜 절실히 요구되는가? 선진 사회의 각계각층의 엘리트들은 선명한 가치관을 가지고 있지만 후진 사회의 정치, 경제, 문화, 사회, 교육, 예술, 종교 분야의 엘리트들은 대체로 이기주의적 욕망 충족을 최상의 가치로 여기는 경향이 강하다. 따라서 후진 사회에서는 무질서와 혼란이 난무하며 부정부패가 만연해 있다. 청소년들은 건전한 가치의 싹을 키워야만 하는 막중한 책임과 의무를 짊어지고 있다. 올바른 가치관을 가진 인격 주체라는 미래 지향적 인간상의 뿌리는 바로 우리들의 청소년들이다.

어떻게 하면 주체성 있는 나를 되찾고 비판 정신과 창의성을 마음껏 발휘할 수 있을까? 한술 밥에 배부르지 않으며 로마도 하루에 이루어지지 않았다. 불교에서는 삶이란 원래 고달픈 것이라고 했다. 내 삶의 고통과 번민을 찾고 견디고 인정해야만 그것들을 극복하면서 삶의 진정한 기쁨을 맛볼 수 있는 것이다.

이 세상에서 오직 나만 고통스럽고 불우하며 세상의 모든 짐을 짊어진 것이 아니다. 인간 누구에게나 불행과 행복이 함께 있으며 그로 인해 울기도 하고 웃기도 하며 살아간다. 문제는 나의 개인적 행복과 공동체의 행복을 동시에 실현할 수 있는 사회적 행복을 어떻게 성취하는가이다. 그러기 위해서는 윤리적·도덕적 가치가 무엇이고, 그것을 어떻게 실현할 수 있을지를 함께 고민하지 않으면 안 된다.

나는 이 책에서 윤리적·도덕적 가치를 매우 다양한 관점에서 바라보려고 했다. 그리고 어떤 문제에 대한 가치를 제시하면서 나 자신의 주관적인 결정이나 답은 가능하면 피하려고 했다. 왜냐하면 문제의 가치에 대한 해결책이나 답은 비판적이며 창의적으로 청소년들 스스로 내야 할 자신들의 몫이기 때문이다. 이 작은 책이 청소년들의 자기 성찰에 조금이라도 도움이 되기를 바란다.

철학을 전공하고 청소년 문제에 깊은 관심을 가지고 이 책이 나오기까지 산파 역할을 한 해냄 출판사 송영석 대표 그리고 원고 정리에 직간접으로 수고하고 항상 많은 충고를 해 준 건국대학교 부속고등학교 교장 이군천 선생님을 비롯해서 해냄 편집진 여러분의 노고에 감사드린다.

2012년 2월

강영계

인간의 자유와 평등이 보장될 때, 의무와 권리가 제대로 행사될 때, 사람들이 서로 사랑하고 협력할 때 그리고 법이 공정하게 시행될 때 도덕은 바로 설 수 있다. 대다수의 사람들이 서로 소통하고 토론하며 담론을 통해 부정적 가치를 극복하고 긍정적 가치를 세워 가는 사회를 만든다면 그것을 시초로 완전히 정의로운 사회에게 조금씩 다가갈 수 있을 것이다.

1장

도덕은 땅에 떨어졌는가

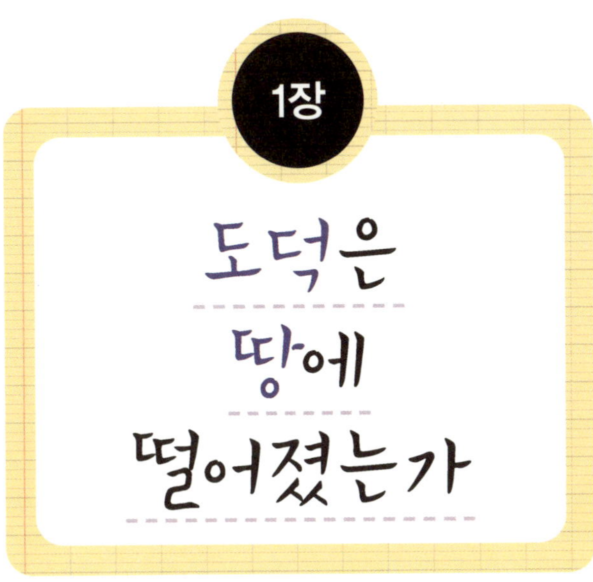

거울 앞에 선 나의 모습

　길수는 책상에 앉아 턱을 괴고 골똘히 오늘 저녁 할아버지가 분노하신 일을 되돌아보고 있었다. 할아버지가 그처럼 크게 노하신 것을 처음 본 길수는 몸 둘 바를 모르고 몹시 당황할 수밖에 없었다. 할아버지는 낮에 시내에 나갔다가 어떤 청소년들에게 봉변 당한 것을 도저히 참을 수 없어서 식구들에게 크게 진노했던 것이다. 할아버지의 화가 너무 컸을 뿐만 아니라 말씀 중 하나도 틀린 것이 없다고 여긴 식구들은 모두 그야말로 '꿀 먹은 벙어리'였다. 아버지와 어머니는 할아버지의 야단에 연신 머리를 끄덕였고 동생 진아는 겁 먹은 표정이었으며 길수는 '아닌 밤중에 홍두깨'를 맞는 기분이었다.

　저녁 식사가 끝난 후 할아버지의 집합 명령이 떨어졌다. 식구들이 거실에 모이자 할아버지는 작은 기침을 서너 번 하시고는 말씀하셨다.

"내가 너희에게 오늘 아주 중요한 이야기를 할 테니까 모두 마음에 새겨 들어라. 실은 저녁 식사 시간에 이야기하려고 했다만 괜히 너희도 소화가 안 될 것 같아서 지금 이 자리에 모이라고 했다. 도대체 마음을 가라앉히고 차분히 말하려고 해도 말이야, 이거 참……."

할아버지는 큰소리로 말씀하시다가 몹시 괴로운 듯 말을 잇지 못하실 듯하다가 다시 입을 열었다.

"내가 낮에 시내에 볼일이 있어서 나갔다가 잠시 대형 마트 옆을 지나가게 되었지 뭐냐. 그런데 마트 옆 한 구석에서 네다섯 명의 남학생들이 큰소리를 지르면서 패싸움을 벌이고 있는 거 아니겠니. 많은 사람들이 구경하고 있었지만 아무도 말리지 못하는 거야. 그래 하도 한심해서 내가 다가가 '애들아, 싸우지 말고 말로 해라. 공공장소에서 이렇게 싸우면 어떻게 하니?' 하고 크게 소리쳤어. 그런데 어떤 일이 벌어졌는지 아니? 도덕이 땅에 떨어졌다는 말은 많이 들었지만 실제로 내가 당해 보니 하늘이 다 까맣게 보이더구나."

할아버지는 식구들을 하나하나 뚫어져라 쳐다보면서 흥분을 가라앉히기 위해서 애쓰시는 듯 숨을 크게 내쉬었다.

"내가 보기에 패거리 싸움질을 하는 애들은 분명 고등학생들이었어. 서로 엉켜서 고함치며 패대더니 그 중 한 명이 몽둥이로 위협하는 거야. 이 할아비가 싸우지 말라고 소리치니까, 아 글쎄 그 놈들 중 몽둥이를 든 놈이 나를 위아래로 훑어보면서 소리를 지르는 거야.

'영감탱아, 죽을 날도 얼마 안 남았으면서 왜 남의 일에 참견이슈?'
칠십 평생 살아오면서 산전수전 다 겪은 이 할아비도 새파랗게 어린
녀석이 몽둥이까지 들고 위협하니 어찌나 기가 막히던지. 마트 한 구
석에서는 망나니 같은 학생들이 패싸움을 하고 있고 몇몇 상인과 손
님들은 넋 놓고 구경이나 하고 있고 다른 사람들은 아예 관심조차 보

이지 않으니, 도대체 도덕이 땅에 떨어지지 않고서야 어떻게 이런 일이 있을 수 있겠니?"

이때 아버지가 끼어들었다.

"그러게요. 참으로 윤리, 도덕이 땅에 떨어졌어요. 요새 애들은 겁도 없고 법도 없다니까요. 애들 싸움 잘못 말리다가는 봉변 당하기 십상이라는데 조심하셔야죠."

"애야, 그런 소리 마라. 내가 누구냐? 옛날 특수부대에서 죽을 고비를 수십 번 넘긴 용사 중의 용사야. 내 그놈을 크게 야단쳤다. '너는 어미, 아비도 없느냐? 네 할머니, 할아버지한테도 그렇게 대드냐? 서로 패 대고 몽둥이까지 든 걸 보니, 무슨 전쟁이라도 난 거냐? 너희만 사는 세상이야? 아무도 없는 무인도에나 가서 실컷 싸워. 왜 이런 데서 공포 분위기 만드는 거야? 입이 없어? 말로 하면 될 것을 짐승만도 못하게 으르렁거리며 몽둥이까지 꺼내?'"

이번에는 어머니가 입을 열었다.

"역시 우리 아버님이셔. 그랬더니 그 학생이 물러나던가요?"

이 말에 할아버지는 마룻바닥을 탕 치면서 흥분한 목소리로 말을 이었다.

"내가 왜 도덕이 땅에 떨어졌다고 말했는지 아직 모르겠니? 너무 너무 한심하단 말이다. 가정과 학교에서 도대체 그 아이들한테 뭘 가르쳤는지 모르겠구나. 행동거지를 보니 정말 짐승만도 못했어. 아 글쎄 두어 놈이 가세하더니 나한테 와서 눈을 희번덕거리며 협박하는 거야. '영감탱이, 한 방이면 지옥행인데 왜 참견이야? 손 안 대는 것만도 다행인 줄 알아.' 이 말을 듣고 할 말이 없더구나. 너무 한심하고 너무 기가 막혀서 말이지. 도덕이 깡그리 땅에 떨어지지 않았다면 어찌 젊디젊은 애들 입에서 그런 끔찍한 막말이 쏟아져 나오겠니?"

눈을 반짝이면서 듣고 있던 진아가 할아버지의 말을 막았다.

"역전의 용사 우리 할아버지가 그 정도로 끝내진 않으셨을 텐데, 그 다음에 어떻게 되었어요?"

"이 할아비가 한바탕 하려는데 좀 싱겁게 끝났지 뭐냐. 누가 경찰에 전화를 한 모양이야. 경찰차 소리가 들리나 했더니 애들이 눈 깜짝할 사이에 사라져 버렸어. 사람들은 경찰 서너 명이 다가오자 구경만 하고, 나 혼자 열이 나서 경찰들에게 자초지종을 이야기하고 그 애들을 꼭 잡아서 윤리* 도덕*과 사회질서*를 조금이라도 가르치라고 당부했다. 그런데 경찰들 표정을 보니 건성으로 듣는 것 같더구나. 이렇게 너희한테 털어놓으니까 그나마 좀 가라앉는다. 휴, 정말 큰일이야. 도덕이 땅에 떨어졌어. 우리 각자가 땅에 떨어진 도덕을 다시 세우지 않으면 가정도, 사회도, 국가도 모두 종말을 면치 못할 거야."

길수는 턱을 괴고 할아버지의 말씀을 몇 번이고 되뇌어 보았다.

'그래, 할아버지 말씀이 맞아. 청소년들뿐만 아니라 남녀노소 모두의 도덕이 땅에 떨어졌지. 할아버지께서 저토록 진노하실 수밖에 없어. 한 마디로 가치관이 없다는 거야. 그럼 나는? 나도 중학교 때 깡패들에게 용돈과 운동화까지 털리고 무서워서 줄행랑치느라 바빴었잖아. 나 자신도 내세울 만한 뚜렷한 가치관이 없다는 거지.'

길수 또래의 청소년들뿐만 아니라 우리 사회 전반에 걸쳐 도덕이 땅에 떨어졌다는 말에 많은 사람들이 동의할 것이다. 도덕이란 사람들 사이에서 지켜야 할 도리다. 도덕과 윤리는 학자에 따라서 같은 의미로 쓰이기도 하고 다른 의미로 사용되기도 한다. 도덕과 윤리를 더 자세히 구분하자면, 윤리는 도덕보다 체계적이며 발전된 가치 규범이다. 그리고 도덕이나 윤리는 실천적인 것인 데 비해 도덕학이나 윤리학은 가치 규범을 이론적으로 탐구하는 영역이다.

도덕이 땅에 떨어졌다는 것은 사람들 사이에 지켜야 할 도리가 무너졌다는 뜻이다. 이미 서양에서는 19세기 말부터 실존주의◆를 필두로 해서 인간성 상실이니 인간 소외니 인생 허무 등을 외쳤는데, 이와 같은 외침은 규범적 가치(도덕적 가치)의 붕괴나 혼란을 포함한 것이다. 산업 혁명 이후 물질만능주의◆와 금전만능주의◆가 사회를 지배하면서부터 사람들 사이에서 당연히 지켜야 할 도리가 무시되었을 뿐만 아니라 아예 없어지기까지 했다.

인간의 자유와 평등을 기초로 삼고 사람들 사이에서 지켜야 할 도리를 지키는 인간은 인격을 제대로 갖춘 인간이다. 그런데 지금 여기에서 매일 바쁘게 일상을 살아가는 인간들의 모습은 어떤가? 인격 대신 우리 인간들이 가장 중요하게 생각하는 것은 무엇인가? 그것은 바로 재력, 학벌, 인맥 등이다. 이런 것들이 인격보다 앞선 사회가 우리 사회다. 금전과 물질 그리고 권력과 폭력이 자유와 평등을 은폐하고, 마치 그것들이 자본주의를 대표하는 양 활보하는 것이 우리 사회의 현실이 아닌가?

그러나 우리에게는 여전히 희망이 있다. 우리 사회의 많은 사람들이 지금 도덕이 땅에 떨어졌다는 사실을 너무나도 잘 알고 있기 때문이다. '아는 것이 힘이다'라는 말이 있듯 앎은 올바른 실천을 위한 씨앗이다. 도덕이 땅에 떨어졌다는 사실을 알고, 이와 같은 앎과 함께 고뇌하면서 도덕을 바로 세우기 위한 시행착오를 인내심을 가지고 지혜롭게 감당할 때 비로소 올바른 가치관의 문이 열리기 시작할 것이다.

인간의 자유와 평등이 보장될 때, 의무와 권리가 제대로 행사될 때, 사람들이 서로 사랑하고 협력할 때 그리고 법이 공정하게 시행될 때 도덕은 바로 설 수 있다. 물론 절대적으로 완전하게 정의로운 사회란 존재하기 힘들다. 그런 사회가 있다면 그것은 이상적인 천국이나 극락일 것이다. 그래도 대다수의 사람들이 서로 소통하고 토론하며, 담론을 통해 부정적 가치를 극복하고 긍정적 가치를 세워 가는 사회를 만든다면 그것을 시초로 완전히 정의로운 사회에 조금씩 다가갈 수 있을 것이다.

사람들은 매일 거울 앞에 서서 자신의 모습을 바라본다. 거울 앞에 선 '나의 모습'을 볼 때 어떤 느낌을 받으며 어떤 생각을 하는가? 앞으로는 도덕이 땅에 떨어졌다는 생각을 하면서 거울 앞에 서서 나의 겉모습만 보지 말고 나의 내면을 응시해 보자. 우리는 거울 앞에 선 나의 모습에서 나 자신의 가치관*과 아울러 우리 사회의 가치관을 읽을 수 있다.

가치관이 왜 문제인가

　'가치관이 왜 문제인가?'라는 질문은 '인간은 왜 다른 동물과 다른 가?'라는 물음과 직결된다. 물론 인간과 다른 동물들 간의 차이를 인정하지 않는 사람도 있다. 우주 자연과 인간의 자아가 하나라고 주장하는 도인들이나 우주 만물은 모두 필연적인 우주 법칙에 따라서 움직일 뿐이라고 말하는 사람들에게는 인간과 동물이 별다른 존재가 아닐지도 모른다. 또한 현대의 행동주의 심리학*을 연구하는 학자들 중에는 인간과 동물의 차이는 뇌신경세포의 양적인 차이밖에 없다고 주장하는 사람들이 있다. 다시 말해서 인간은 뇌신경세포의 수가 많은 반면에 다른 동물들은 인간보다 뇌신경세포의 수가 훨씬 적을 뿐이라는 것이다.

그러나 대부분의 사람들은 여러 가지 이유를 들어 인간은 다른 동물과 다르다고 생각한다. 무엇보다도 인간에게는 비판력과 창의력 그리고 자발성이 있다는 차원에서 다른 동물과 다르다. 바꿔 말하자면 인간은 문화적·역사적 존재이면서 가치 지향적 존재이다. 인간은 누구나 옳고 그름, 선과 악, 사회적 의무와 권리 등에 가치관을 가지고 있다. 그렇기 때문에 인간은 때로는 짐승보다 탁월하며 또 때로는 짐승보다도 못할 수 있다. 자기 자신을 비판하고 반성하며 자유와 평등을 사랑하고 타인을 배려할 줄 아는 인간은 확실히 짐승보다 탁월하다. 그러나 이기심에 젖어 타인을 무시하고 자신의 욕망을 채우기 위해서 남을 증오하고 전쟁을 일삼고 살인을 서슴지 않는 인간은 짐승보다도 못한 인간이다.

뉴스에 보도되는 극악무도한 사건들을 접하다보면 가치관이 왜 문제인지 명백하게 알 수 있다. 가치관이 제대로 서 있지 못할 때 인간은 인간성을 상실할 뿐만 아니라 짐승보다도 못한 존재로 전락하지 않을 수 없다. 교외에 위치한 사설단체에서 벌어진 엽기 행각들이 가끔 사회화되고는 하는데, 그런 경우 대부분이 심신이 허약해진 사람들이 마음을 닦기 위해 가는 곳이 많다.

그런데 심지어 사회지도층이라 불릴 만한 직업의 사람들이 남을 해치거나 금품을 훔치는 등의 행위를 감행했다고 한다면, 분명히 우리 사회의 가치관에 문제가 있는 것이 확실

행동주의 심리학
심리학의 대상을 의식에 두지 않고, 사람 및 동물의 객관적 행동에 두는 입장. 자극과 반응의 관계, 그리고 그 관계로 구성되는 체계만을 다루는 학문

하다. 이들의 궁극적인 목적은 결국 돈을 더 많이 갖겠다는 욕심이었던 것이다. 이러한 모습에서 우리 사회의 금전만능주의가 얼마나 크게 가치관을 혼란하게 만드는지 여실히 잘 알 수 있다.

"아버지, 뉴스에서 어떤 수련원 사건이 보도되었는데 너무 한심했어요. 그 사건을 보면 사회적 가치관이 땅에 떨어졌다는 말이 실감이 나요. 말하자면 도덕이 송두리째 허물어진 거죠."

"도대체 어떤 뉴스를 보고 그런 생각까지 하게 된 거니?"

"이를테면 사회 지도층으로 불리는 의사나 교사 같은 분들이 깊은 산속에 있는 수련 단체에서 향정신성 의약품 등을 함께 복용했다는 식의, 저로서는 이해하기 어려운 상황의 뉴스였어요."

"그렇구나. 요즘 들어 지적이라고 할 수 있는 직업을 가진 사람들이 사회적 물의를 일으키는 경우가 종종 있어 뉴스를 접하는 아이들이 어떻게 생각할까 나도 많이 걱정이 된단다."

"네, 예전에는 몇몇 대통령들과 그들의 자식들 그리고 장관들이나 고위 공무원들이 뇌물 사건에 휘말려서 재판정에 서기도 하고 말썽이 많았는데 요새는 의사, 교사, 공무원, 탤런트 들이 돈에 눈이 멀어 그런 범행을 저질

**마르쿠제
(1898~1979)**

독일 출생의 미국 철학자. 고도산업사회에서는 인간의 사상과 행동이 체제 안에 완전히 내재화하여 변혁력을 상실하였음을 예리하게 지적한 책 『일차원적 인간』을 집필했다.

일차원적 인간

마르쿠제가 현대사회의 소외된 인간 상태를 가리켜 한 말

렀다니 정말 가치관이 문제예요. 그렇죠, 아버지?"

"그래, 고등학생인 네 눈에도 그렇게 보인다니, 내가 어른으로써 어린 너희들 보기가 다 부끄러울 정도구나. 확실히 우리 사회 가치관이 문제야. 마르쿠제◆라는 철학자가 말한 대로 현재 우리의 사회는 일차원적 인간◆이 판치는 일차원적 사회인 것 같구나."

"일차원적 인간요? 단순한 인간을 말씀하시는 건가요? 그러면 일차원적 사회는 아주 단순한 사회를 뜻하고요?"

"아참! 내가 너무 어렵게 말했나 보구나. 준수야, 일차원적 인간이라는 말에서 일차원적이란 단순함을 뜻하기도 하지만 그보다는 '다차원적'에 대한 반대 또는 부정적 의미에서 '일차원적'이라는 뜻이란다. 예컨대 인간은 진, 선, 미를 추구하고 자유와 평등 및 인격 등을 다양하게 추구하는 존재잖니. 그런데도 이렇게 다원적인 인간 자신의 본성을 망각하고 오로지 돈 또는 권력, 아니면 겉모습의 아름다움만 추구하는 인간을 일컬어서 일차원적 인간이라고 한단다. 이처럼 사회도 인간들 상호의 복지와 안녕을 도모하지 않고 오직 눈에 보이는 외적 발달이나 일시적 부의 축적만을 꾀한다면 그것 역시 일차원적 사회라 할 수 있지."

"그렇다면 수련원 사건 역시 우리 사회의 일차원적 성격을 여실히 대변하는 것으로 봐도 되겠군요? 의사, 교사, 탤런트, 공무원 들이 돈을 노리고 별 이상한 짓을 다 꾸몄다잖아요?"

"그래, 준수 말이 맞다. 요새는 모두가 외모에만 신경을 쓰고 외모가 아름다워야 대접도 받고 취직도 잘되고 남보다 우월하다고 생각해서 성형 수술에 집착하는데 이런 것 역시 일차원적 사회의 한 특징이란다. 물론, 타인에게 혐오감을 주거나 사회생활에 지장이 될 정도로 신체가 기형일 경우, 아니면 일상생활을 하기에 불편할 정도로 얼굴이나 신체 일부가 비정상일 경우에 성형 수술을 하는 것은 누가 봐도 정당하고 설득력이 있지. 성형에 대한 올바른 가치관이 성립되려면 당연히 성형 수술을 해야 하는 상황일 때만 수술을 한다는 조건이 충족되어야 해. 그런데 남보다 예뻐지기 위해서 그리고 전혀 이상이 없고 생활에 지장이 있는 것도 아닌데 남들이 하니까, 아니면 전적으로 이기적이며 주관적인 관점에서 외모를 수단으로 자기가 원하는 것을 얻기 위해서 성형 수술을 한다면, 그런 가치관은 부정적인 가치관인 거야. 왜냐하면 그것은 일차원적인 가치관이기 때문이지.”

“무슨 말씀이신지 대강은 이해가 가요. 그러니까 겉으로만 번지르르해 봤자 그런 아름다움은 사람다움, 곧 내면의 인격과는 전혀 상관이 없다는 거겠죠. 그래도 아버지, 우리 사회에서 성형 수술은 도저히 막을 수 없는 전염병 같아요.”

“그래, 네 말이 맞다. 성형 수술이 다 나쁘다는 건 아니야. 다만, 너무 많은 사람들이 정작 중요한 것은 등한시하면서 성형 수술에만 집착한다는 사실은 정말로 이 사회가 일차원적 사회라는 것을 증명한다고 볼 수 있지. 그리고 이것은 우리 사회의 큰 병폐란다.”

사람다움, 곧 인격을 궁극의 목적으로 삼지 않는 대부분의 가치는 외적인 것, 물질적인 것인 경우가 많다. 돈과 지배 권력을 최고의 가치로 여길 때 인간의 인격은 도외시된다. 정치, 경제, 사회, 문화 등 많은 영역에서 사람들이 지나치게 물질만능주의와 금전만능주의 그리고 권력만능주의에 물들어서 욕망의 화신이 되고 있다. 그렇기 때문에 우리 사회의 가치관이 문제시될 수밖에 없다. 계속 이렇게 인간의 도덕적 가치가 제거된다면 인간은 한낱 짐승에 불과할 것이다.

청소년 가치관 정립의 필요성

우리나라 속담에 콩 심은 데 콩 나고 팥 심은 데 팥 난다는 말이 있다. 이 말은 원인이 좋아야 결과도 좋다는 뜻으로 이해할 수 있다. 최근 신문이나 텔레비전 또는 인터넷에서 자주 접하는 청소년들의 집단 따돌림과 자살 같은 사회현상을 보면 우리나라의 미래를 낙관할 수만은 없다. 선진국으로 향하는 길은 사람들이 생각하는 것처럼 그렇게 간단히 빠른 시간 안에 닦이는 것이 아니다.

"저는 최근에 중학생들의 집단 따돌림 행태에 대해서 자세히 들을 수 있었어요. 저도 중학생인데 우리 반에도 비슷한 일이 가끔 벌어지고 있어요. 힘이 세거나 머리가 약은 두세 명의 학생이 앞장서고 거기에 대여섯 명의 학생들이 동조하여 장기간 한 명의 약한 학생을 집단적으로 따돌리는 거예요.

전에는 왕따라고 했고 요새는 집단 따돌림이라고 하잖아요. 왜들 그러느냐고요? 가해 학생들은 재미로 그런대요. 수시로 돈과 물건을 빼앗고 말을 안 들으면 때리는 거예요. 한 학생을 집단적으로 따돌리다가 싫증나면 또 다른 약한 학생을 골라서 괴롭히는 거예요. 얼마 전 자살한 학생은 집단 따돌림을 피하다가 더 이상 견딜 수 없는 막다른 골목에 도달하자 심리적 공황 상태◆에 빠져 그런 선택을 할 수밖에 없었던 것 같아요. 선생님들이 집단 따돌림의 가해 학생들과 피해 학생을 직접 만나서 여러 가지로 타이르고 훈계해도 잠시 조용하다가 슬그머니 다시 집단 따돌림이 나타난다고 해요. 제가 보기에는 중·고등학교에서 일어나는 집단 따돌림 현상은 때와 장소를 가리지 않고 수시로 발생하기 때문에 지금까지의 대처 방법으로는 도저히 막을 수가 없을 것 같아요."

공황 상태
급변한 사태에 놀랍고 두려워서 어찌할 바를 모르는 상태

플라톤
(BC 428/427~BC 348/347)
고대 그리스의 대표 철학자로, 소크라테스의 제자이자 아리스토텔레스의 스승

청소년들의 집단 따돌림과 자살은 왜 생기는 것일까? 그 원인은 아주 명확하다. 청소년들의 가치관이 제대로 정립되지 못했기 때문이다. 플라톤◆은 정의로운 국가야말로 인간이 행복을 누리면서 살 수 있는 이상 국가라고 하였다. 사회 구성원 각자가 지혜, 용기, 절제 등의 기본적인 세 가지 덕목을 갖춘다면 인간은 정의로운 인격체이며 그들이 함께 모

여서 정의로운 이상 국가를 형성할 수 있다는 것이다.

집단 따돌림과 자살에 관해서 어떤 학부형은 눈물을 흘리면서 자신의 입장을 말하였다.

"다행히 우리 아이들은 유치원 다닐 때부터 부모와 모든 문제에 관해서 자유롭게 대화하고 토론하는 습관을 길러왔어요. 지금 딸은 고등학생이고 아들은 중학생이에요. 얼마 전 어느 중학교에서 일어난 집단 따돌림과 학생의 자살에 대해서 제 아들은 분명한 입장을 가지고 있었어요. 제가 보기에 집단 따돌림은 개인, 가정 그리고 사회 모두에게 책임이 있어요. 물론 책임이 가장 큰 쪽은 어른들이에요. 요새 어른들은 남을 단지 수단으로 대하려고 해요. 칸트◆라는 철학자는 타인을 나와 똑같이 목적으로 대하고 결코 수단으로 대하지 말라고 했대요. 어려서부터 학생들이 서로 인격을 존중할 줄 아는 참교육을 받을 수 있었다면 집단 따돌림도 생기지 않을 테고, 따라서 비극적인 자살도 일어나지 않을 거예요.

얼마나 참기 힘들고 괴로웠으면 어린 학생이 아무런 삶의 의미도 찾지 못하고 생각만 해도 끔찍한 자살을 감행했겠어요? 집단 따돌림의 피해 학생은 수시로 가진 것을 빼앗기고 구타를 당하다 보니까 좌절감과 절망감에 빠져서 어느 누구에게서도 구원의 손길을 기대할 수 없었을 거예요. 폭행에 시달리다 보면 생명의 불꽃만 끄면 모든 고통이 사라지리라는 생각에 사로잡힐 거예요. 결국 집단 따돌림은 소중한 어린 생명으로 하여금 생명의 소중함을 망각하고 자살이라는 극단적인 방법을 선택하도록 만드는 거지요."

특히 최근 자본주의 물질문명이 극단적으로 발전하고 디지털 문명이 최첨단화함에 따라서 인간 생명의 소중함은 망각되고, 인간은 계량화(計量化)[◆]되어 단지 수단으로 취급되는 경향이 강하다. 어디까지나 인간은 공동존재이다. 그러므로 서로 공감하고 타인을 목적으로 대할 때 공정한 사회가 형성될 수 있다는 의식이 널리 퍼져야 한다. 프로이트[◆]는 사랑의 힘이 폭력과 허무와 죽음을 극복하고 생명의 싹을 키울 수 있는 원천이라고 생각하였다. 타인을 나와 똑같이 목적으로 대하며 사랑하는 가치관이 정립된다면 집단 따돌림은 물론이고 자살도 자취를 감출 것이다. 피해자는 물론이고 가해 학생들도 사랑이 결핍된 가련한 학생들이다. 지금은 각자의 심연에 자리 잡은 사랑의 불꽃을 지펴야 할 때다.

전통 사회의 가치관

　고대로부터 조선 시대에 이르기까지, 아니 적어도 1970년대까지 우리 사회는 농경문화*를 그 기반으로 하고 있었다. 우리의 전통 사회를 한 마디로 간단히 표현한다면 그것은 농경 사회라는 말이 가장 적절할 것이다. 유목문화*와 수렵문화*가 특징을 이루었던 서양 사회가 인식론을 발달시키고 과학 문명을 꽃피우면서 산업 혁명을 이룬 것은 서양 역사로 볼 때 당연한 발전 과정이었다. 그런가 하면 농경문화를 바탕으로 삼아서 윤리, 도덕이 발달하고 예술이 발전한 우리 민족의 문화사적 발전 또한 당연한 것이었다. 그런데 19세기에 접어들면서 우리의 전통 사회가 서구적 가치관을 받아들이면서 문제가 생기기 시작했다.

진아와 어머니의 대화를 들어 보자.

"엄마, 전통 사회의 가치관이라는 말을 들으면 왠지 고리타분하게 느껴져요."

"그래, 우리 진아처럼 생각하는 사람들이 많지. 심지어는 우리의 전통적인 것은 모두 구태의연하고 낡아 빠졌다고 여기는 사람들이 있어. 그러나 한글이나 청자 또는 백자 등을 말하면 생각이 달라지지. 외국에서 들어온 것, 그러니까 서양의 것과 전통적인 것을 비교하고 무조건 서양의 것을 새롭고 좋은 것으로 여기다 보니 전통적인 것을 고리타분하게 여기는 거야."

"엄마 말씀에 일리가 있긴 하지만, 아무리 생각해도 전통 가치는 고리타분한 게 사실 아니에요? 예컨대 남존여비(男尊女卑)◆는 물론이고 충(忠)이나 효(孝), 삼강오륜(三綱五倫)◆도 모두 남자 위주이거나 아니면 특정 권력층을 위한 가치관이었잖아요. 아무리 조선 시대였다 해도 인간의 자유나 평등, 사회의 정의 같은 것은 왜 생각들을 못 했을까요?"

"진아야, 깊이 있게 이야기하려면 며칠 밤

을 새울 것 같구나. 일단, 우리 조상들 중에도 인간의 자유나 평등, 사회의 정의 같은 가치관을 갖고 백성들을 바라본 분들이 분명 있고, 그 사상을 실천에 옮긴 훌륭한 분들도 많단다. 그런데 문제는 그런 가치관은 서양에서도 현대에 와서야 일반화되었는데, 서양에서는 마치 아주 오래전부터 형성되었다고 생각하는 모순에 젖어 있다는 거지. 그건 우리나라의 산업화가 너무 빨리 진행되다 보니 과거의 전통들을 빨리 버리고 새로운 사회로 진입하려고 몸부림친 결과이기도 해. 물론 서양에서는 고대 그리스 시대부터 인간의 자유, 평등, 정의 등을 논한 철학자들이 있지만 서양에서도 본격적으로 그런 가치관들에 사람들이 관심을 갖기 시작한 것은 18세기 말 프랑스혁명◆ 때부터

라고 할 수 있어.

　유목과 사냥 중심의 서양 사회에서도 시민 사회가 형성되기 전까지는 왕족이나 귀족이 사회의 중심이었고, 농경 중심의 우리 사회에서도 시민 의식이 형성되기 전까지는 왕족이나 귀족 또는 권력을 가진 계층이 사회의 중심이었지. 그러니까 서양이나 우리나라나 자유, 평등, 정의 등의 가치가 널리 퍼진 것은 비교적 최근의 일인 거야."

　"아! 무슨 말씀인지 알겠어요. 하지만 엄마, 제가 읽은 여러 책들을 보면 서양에서는 적어도 고대 그리스 시대부터 사회 정의를 비롯해서 자유니 평등에 관해서 여러 철학자들이 깊이 연구했어요. 물론 그것들이 사회적으로 적용되고 실현된 것은 프랑스혁명 때부터이지만. 그런데 우리의 전통 가치는 남자나 지배 계층을 위한 것이었고, 그것에 대한 비판적 견해는 용납되지 않았었잖아요."

　"진아가 왜 그렇게만 생각하는지 모르겠구나."

　"엄마도 여자로서 한번 생각해 보세요. 삼강오륜 말고도 여필종부(女必從夫)◆, 남녀칠세부동석(男女七世不同席)◆, 칠거지악(七去之惡)◆, 삼불거(三不去)◆, 삼종지도(三從之道)◆

같은 것은 모두 비판을 허락하지 않는 윤리 규범이잖아요."

"진아야, 네가 지금 말한 조선 시대의 윤리 규범들의 의미를 구체적으로 알기나 하는 거니?"

"그거야 상식이죠. 저도 이제 고등학교 2학년이잖아요. 그러면 성인이나 마찬가지라고요. 여필종부나 남녀칠세부동석은 애들도 다 아는 말이잖아요. 효는 무조건적으로 부모를 섬기라는 말이고, 부모가 죽으면 무덤 옆에 움막을 치고 3년간 묘를 지키는 것을 효의 절정으로 꼽을 정도였잖아요. 며느리가 시부모를 극진히 모시면 효의 모범이 되는 며느리를 기리기 위해서 정문(旌門)을 세워 주었고요. 충은 신하가 목숨을 다해 임금을 섬기는 것을 뜻하고요.

칠거지악, 삼불거는 아주 해괴한 윤리 강령이었어요. 유교◆ 도덕에서는 남자가 아내를 내쫓을 수 있는 일곱 가지 이유를 열거하는데, 여기에 한 가지라도 해당되면 여자는 남자의 문중에서 쫓겨날 수밖에 없었잖아요. 첫째는 시부모에게 순종하지 않는 불순구고(不順舅姑), 둘째는 자식을 못 낳는 무자(無子), 셋째는 음행(淫行), 넷째는 질투(嫉妬), 다섯째는 나쁜 병이 있는 악질(惡疾), 여섯째는 말썽이 많은 구설(口舌), 일곱째는 도둑질하는 도절(盜竊)인데, 이게 칠거지악이죠. 이런 칠거(七去)의 악(惡)이 있다고 할지라도 아내를 버릴 수 없는 세 가지 장치가 있는데, 아내를 내쫓아도 아내가 의지할 곳이 없을 경우, 아내가 시부모의 삼년상을 함께 치렀을 경우, 가난했던 남편이 아내의 도움으로 부자가 되었을 경우가 바로 아내를 내칠 수 없는 삼불거잖아요. 그러고 보니, 그래도 같이 살던 아내를 남편이나 문중이 눈곱만큼은 배려했군요."

"우리 진아가 알기는 진짜 많이 아는구나. 그럼 삼강오륜은 뭘까? 삼강오륜은 조선 시대 유교 도덕의 대표적인 덕목이야. 삼강오륜은 부정적인 면보다 오히려 긍정적인 면이 더 많아. 삼강오륜에 대해서도 알고 있니?"

"삼강은 유교 도덕에서 바탕이 되는 세 가지 덕의 목록이라고나 할까요? 군위신강(君爲臣綱), 부위자강(父爲子綱), 부위부강(夫爲婦綱). 임금은 신하를 위해서, 아버지는 아들을 위해서, 그리고 남편은 아내를 위해서 행동한다는 것인데, 확대 해석하면 서로 위해 준다고 할 수도 있겠지만 삼강에도 여전히 지배 계층의 가치관이 우선적이죠."

"이 엄마가 알기에 오륜은 삼강과는 달리 정말 바람직한 가치관인 것 같은데?"

"저는 그렇게 생각 안 해요. 오륜 역시 삼강처럼 강자의 지배적인 윤리 규범을 잘 보여 주고 있어요. 오륜은 유교 도덕에서 인간이 지켜야 할 다섯 가지 도리인데, 그것들은 부자유친(父子有親), 군신유의(君臣有義), 부부유별(夫婦有別), 장유유서(長幼有序), 붕우유신(朋友有信)이에요. 즉 아버지와 아들의 관계는 친해야 하고, 임금과 신하 사이에는 의리가 있어야 하며, 친구 사이에는 신뢰가 있어야 한다는 것은 당연한 말이죠. 그런데 부부가 서로 달라야 한다는 부부유별이나, 어른과 아이 사이에는 지켜야 할 순서가 있어야 한다는 장유유서는 받아들이기 힘들어요.

그런데 무엇보다 가장 고리타분하고 기가 막힌 윤리 규범은 삼종지도예요. 여자는 어렸을 때는 아버지를 따라야 하고 결혼해서는 남편을 따라야 하며 남편이 죽은 후에는 아들의 뜻을 따라야 한다는 것인데, 이것은 남존여비 사상의 대표적인 윤리 규범 아니겠어요?"

"진아야, 그런 폐쇄적인 윤리 규범은 우리의 전통 가치에만 있었던 것은 아니야. 서양도 거의 비슷했어. 서양에서도 남편이나 아버지, 성인이 된 아들이 없으면 여자는 개인 소유물을 마음대로 사고 팔기도 힘들었단다. 남녀 불평등이나 계급 불평등으로 말하자면 서양도 만만치 않았지. 대표적으로 선거에서 1인 1투표가 시행된 것도, 여성이 시민으로 받아들여진 것도 모두 현대에 와서란다. 그러니 폐쇄적인 우리의 전통 윤리 규범만 탓하지 말고 우리의 전통 가치에서 무엇이 개방적인 규범인지, 그리고 어떻게 우리가 열린 가치관을 수립할 것인지를 모색하는 것이 바람직하지 않을까?"

특정 사회의 도덕이나 윤리가 폐쇄적인지 아니면 개방적인지에 관한 문제는 매우 복잡한 것이므로 다양한 각도에서 보아야 한다. 동적(動的)인 사회의 도덕은 쉽사리 개방의 방향을 찾을 수 있지만, 정적(靜的)인 사회의 도덕은 폐쇄적이기 쉽다. 일반적으로 정적인 농경 사회에서는 윤리 규범이 장기간 크게 변하지 않는 반면에 동적인 산업사회에서는 윤리 규범이 다양하게 역동적으로 변하는 경향이 있다. 그렇다 보니 우리 전통 사회의 가치관은 폐쇄적인 측면이 강했다고 할 수 있다. 물론 서양의 전통 사회 가치관 역시 폐쇄적 측면이 많았다. 서양에서도 노동의 자유와 인간 평등이 보장받기 시작한 것은 1830년대 영국에서 노동조합이 법적으로 인정받기 시작하면서부터이다.

서양 역사에서도 인간의 자유와 평등 그리고 사회적 정의가 대표적인 가치로 등장한 것은 그다지 오래된 일이 아니다. 그런데 우리는 전통 사회의 가치관인 남존여비 및 양반 중심의 가치관을 우리 역사에만 있는 부당한 것으로 여기면서 우리의 전통 가치들을 모두 부정적 관점에서 바라보는 경향이 강하다. 하지만 부모에 대한 효나 손윗사람이나 나라에 대한 충 등은 여전히 아름다운 덕목이다. 그리고 삼강오륜 역시 부정적 측면보다 긍정적 측면을 현대에 많이 되살릴 수 있다.

전통 사회의 가치관이라고 해서 무조건 구태의연하고 시대에 뒤떨어진 것으로 치부하는 것은 바람직하지 않은 태도이다. 어디까지나 비판적 입장에서 전통 가치 중에서도 현시점에서 되살릴 것은 되살리고 버릴 것은 버릴 때 우리는 현대 산업사회에서 더 바람직한 가치관을 확립할 수 있을 것이다.

도덕에 대하여

많은 사람들은 유교 도덕이야말로 시대에 뒤떨어진 고리타분한 것이라고 말한다. 설령 그렇다고 할지라도 우리 시대에 딱 맞아떨어지는 도덕을 찾기란 쉽지 않다. 실상 알고 보면 유교 도덕 중에는 오늘날 우리가 배울 만한 긍정적인 것들이 많은데도 남존여비 사상이나 통치자 중심의 도덕들 때문에 유교 도덕은 일반적으로 진부한 것으로 여겨지고 있다.

길수와 삼촌의 대화를 들어 보자.

"삼촌, 우리나라 사람들의 가치관은 주로 유교 도덕에 젖어 있는 것 같은데 정확히는 잘 모르겠어요. 유교 도덕의 핵심은 뭐예요?"

"길수 너도 이제 고등학생이니까 조금은 알 것 같은데? 유교 도덕을 알려면, 우선 유교가 무엇인가 하는 것부터 알아봐야겠지. 기원전 2세기 후반 중국 전한(前漢)의 무제(武帝) 때 동중서(童仲舒)◆가 건의해서 정책으로 채택된, 공자(孔子)◆를 기리는 학문(철학)이자 종교가 바로 유교(儒敎)란다. 유교 도덕의 핵심은 오륜오상(五倫五常)이야. 오륜은 신분과 혈연관계의 질서로서 이 질서가 확고하게 유지되어야 가정과 나라가 번창하고 평안할 수 있다는 것이지."

"오륜은 저도 알아요. 부자유친, 군신유의, 부부유별, 장유유서, 붕우유신이죠? 그런데 오상은 처음 들어요."

"오상은 신분과 혈연관계의 질서인 오륜을 제대로 지키기 위해 필요한 덕목인데, 곧 인의예지신(仁義禮知信)을 말한단다. 오상이란 항상 변하지 않는 다섯 가지 도덕이라고 할 수 있어. 인의예지를 네 가지 순수한 것이라고 해서 사단(四端)이라고도 하는데 사단에 신을 더한 것이 바로 오상이야."

"삼촌, 저도 사단칠정(四端七情)◆은 좀 알아요. 사단은 어지러움(인), 올바름이나 의로움(의), 예절 바름(예), 앎(지)이죠? 이 사단에다 믿음(신)을 합한 게 오상이군요!"

"유교 도덕을 간단히 요약하기는 좀 힘들어. 유교는 공자, 맹자의 원시 유학(原始儒學)[◆]을 거쳐서 정명도, 정이천 및 주자의 신유학(新儒學)에 이르러 눈부시게 발전했고, 우리나라의 퇴계나 율곡의 성리학(性理學)[◆]에서도 나름대로 특별히 발전한 분야가 있단다. 오상오륜과 관련해서 유교 도덕에서 알아야 할 중요한 두 개념은 천인합일(天人合一)과 수기치인(修己治人)이야.

오륜의 근거는 바로 천(天)이야. 유교에서 천은 우주의 원리고 만물의 근거인 주재신(主宰神)이야. 유교는 오상오륜으로 천인합일에 이르는 것을 목적으로 삼지. 그래서 천을 대신해서 천자는 덕치(德治)를 베풀면서 백성을 부단히 교화시키는 거야. 길수도 수신제가치국평천하(修身齊家治國平天下)라는 말을 들어 봤을 거야. 이 말을 줄여서 다르게 표현한 것이 바로 수기치인(修己治人)이지. 수신, 제가, 치국, 평천하라는 말의 뜻을 자세히 살펴볼까? 그것은 자기 자신을 갈고 닦고, 가정을 일으키며, 나라를 다스리고 천하를 통일해 평안하게 한다는 뜻이야. 그리고 수기치인은 말 그대로 자기 자신을 닦고 백성을 다스린다는 뜻이야. 그래서 어떤 사람은 유교를 가리켜서 경세지학(經世之學), 곧 세상을 다스리는 학문이라고도 하고 통치자의 정치 지배 이론이라고도 하는 거야."

"그런데 삼촌, 1911년에 일어난 중국의 신해혁명이나 5·4운동에 의해서 유교가 송두리째 배척 당하고 부정되었다는데 그 이유는 뭐죠?"

"유교가 통치자를 위한 이론 노릇을 하다 보니까 형식주의♦나 예교주의(禮敎主義)♦에 치중하게 되었지. 그래서 명나라 때 벌써 유교는 허식과 기만을 일삼는다는 비난을 받았어. 그러다 마오쩌둥♦ 공산당이 중국을 지배한 후에는 변증법적 유물론♦을 기치로 내세워 관념적인 도덕 이론을 기반으로 삼은 유교를 맹렬히 공격한 거야."

"아, 그래서 정작 중국 사람들이 우리보다 유교 도덕에 덜 배어 있는 거구나. 그런데 전통적으로 봐도 왜 우리가 중국보다 유교 도덕이 강했던 거죠?"

"그 질문에 대한 답은 그리 쉽지 않구나. 유교는 통치자의 지배 이론이라고 했잖니? 그러니까 유교 도덕은 통치자가 백성을 지배하기 위한 도덕이라고 할 수 있어. 일단 중국은 워낙 큰 나라이고 인구가 엄청나게 많아. 어떻게 보면 대부분의 백성들은 신선을 믿는 도교(道敎)나 불교에 관심을 가졌고 유교에는 그다지 관심을 갖지 않았다고도 할 수 있어. 하지만 지배 계층은 유교에 관심을 가지고 있었던 게 당연하지."

"삼촌, 막 생각이 떠올랐어요. 조선의 태조 이성계가 나라를 세우고 통치 이념을 확립하기 위해 중국 명나라의 헌법전인 『대명율(大明律)』을 들여왔는데 바로 이때 칠거지악, 삼불거, 삼종지도 등도 들여온 거죠? 물론 고려 말부터 불교가 쇠퇴하면서 명나라에서 유교가 유입되기는 했지만 본격적으로 유교 도덕이 들어오기 시작한 것은 태조 이성계 때부터인 거죠."

"그래 맞아. 태조 이성계 이후 왕족들과 양반들은 통치 이론으로서 유교를 받아들였고 유교 도덕을 모든 백성들에게 지키도록 한 거지. 나라가 작으니까 지배 계층이 강요하는 유교 도덕은 백성들의 사소한 일에까지 스며들었던 거야."

우리의 가치관에 유교 도덕이 깊이 스며들어 있는 것은 사실이다. 그렇지만 우리의 가치관이 전적으로 유교 도덕의 영향 아래에 있다고 단정하는 것은 섣부른 판단이다. 우리의 가치관에는 샤머니즘◆의 도덕, 불교의 도덕 그리고 최근 기독교의 도덕이 녹아 있으며 유교 도덕 역시 여러 요소들 중 하나로서 큰 비중을 차지한다. 종합적으로 볼 때 우리의 가치관은 여러 가지 도덕 요소들이 한데 녹아 그 안에서 부정적인 갈등을 일으킬 수 있다. 그러나 다른 한편으로 보면, 여러 도덕의 요소들이 융합되어 어려운 역경에도 슬기롭고 유연하게 대처할 수 있다는 매우 긍정적인 면이 있다.

현대 사회와 가치의 혼란

　"현대 사회의 가치는 무엇입니까?" 우리는 대부분 이런 질문을 받으면 당황하거나 심지어는 난감해하기까지 한다. 우선 현대 사회는 한 마디로 정의 내리기 힘들 만큼 복잡한 양상을 띠고 있다. 게다가 우리가 가치라는 말에 곧바로 떠올리는 것은 도덕적 내지 윤리적 가치지만 가치에는 앎의 가치(인식론적 가치)도 있고 미적 가치도 있으므로 "현대 사회의 가치는 무엇입니까?"라는 질문은 의미 자체가 애매한 것이다. 따라서 "현대 사회의 도덕적 가치는 무엇입니까?"로 물음을 바꾼다면 답하기는 한층 쉬워진다. 현대 사회에서 도덕적으로 가장 우선적 가치를 차지하고 있는 것은 매우 역설적이게도 돈과 물질, 권력과 외모이다.

꽤 오래전에 나는 대기업 회장과 돈에 관해서 대화를 나눈 적이 있다. 당시 나는 한창 나이인 20대 중반의 육군 중위였고 대기업 회장은 60대 중반이었다.

"회장님은 큰 회사를 몇 개씩이나 경영하시고 가끔 세상에서 돈 벌기보다 쉬운 일이 없다고 하시는데, 저는 군대 월급 외에는 돈을 벌어 본 적이 없습니다. 회장님께 돈 벌기가 그렇게 쉬운 이유는 무엇인가요?"

"이보게 젊은이, 무조건 돈 벌기가 세상에서 제일 쉽다는 건 아니야. 몇 가지 조건이 있어야지."

"몇 가지 조건이라면 저도 알 것 같습니다. 우선 실물 경제에 아주 밝은 사람의 조언을 받아야 하고, 둘째로 충분한 기본 자금이 있어야 하고, 마지막으로 돈을 많이 굴려 본 사람에게 재테크를 맡기면 쉽게 돈을 벌 수 있겠지요."

"이 사람아, 돈은 나 자신이 노력해서 벌어야 가치 있는 것이지. 내가 말한 조건은 자네의 말처럼 그렇게 뜬구름 잡는 게 아니야. 내가 생각하는 조건은 사람들이 가장 지키기 쉬우면서도 동시에 가장 지키기 어려운 것일세. 돈 버는 비결은 아주 간단해. 내가 말하는 조건들만 충족하면 누구나 벌 수 있지. 첫째는 돈 이외의 다른 생각은 하지 말고 오직 돈 벌 생각만 하는 걸세. 둘째는 돈을 벌고 그 돈을 종잣돈 삼아서 더 벌 생각만 하는 거야. 셋째가 가장 중요하다네. 꼭 필요할 때 외에는 돈을 쓰지 않을 줄 알아야 하네. 세 가지 조건을 지키는 사람은 분명히 돈을 벌 수 있지."

이 말은 역설적 의미를 담고 있다. 즉 사람이 돈만 생각하고 돈벌이에만 골몰하면 돈은 많이 벌 수 있겠지만 그런 인간은 돈밖에 모르기 때문에 인간성은 망가질 것이다. 회장의 역설적인 말에서 알 수 있듯이 현대를 살아가는 우리 인간은 가치관의 혼란으로 방황하고 있다. 현대 사회 자체가 가치관의 혼란을 초래하기 때문이다. 20세기 말까지만 해도 지구촌은 자본주의와 공산주의의 대립, 소위 동서 냉전으로 크게 신음하고 있었다. 그러나 구 소련과 동유럽의 공산주의가 붕괴되고 21세기에 접어들면서 지구촌은 민족주의와 국가주의가 서로 세력 다툼을 벌이는 곳으로 변했다.

이와 같은 상황에서 현대 사회는 디지털-사이버 후기 산업사회라는 매우 복잡한 모습을 띠게 되었다. 현대 사회는 디지털 기기가 창조한 가상(사이버) 세계에 의해 지배되고 있다. 또한 현대 사회는 과거 자본, 생산수단, 노동에 의해 구성되었던 자본주의 사회가 아니고 여기에 정보와 아이디어가 더해 져 구성된 후기 자본주의 사회, 곧 후기 산업사회다. 따라서 현대 사회를 한 마디로 디지털-사이버 후기 산업사회라고 일컬을 수 있다.

여기에서 하나와 선생님의 대화를 들어 보자.

"선생님, 이렇게 대화할 수 있는 시간을 내주셔서 정말 감사합니다. 많은 아이들이 진심으로 누군가와 터놓고 대화할 수 있기를 간절

히 바라지만 좀처럼 그런 기회가 주어지지 않거든요. 단 30분이라도 선생님과 가치관의 혼란에 대해 말씀을 나눌 수 있다는 것이 너무 기뻐요."

"하나가 그렇게 생각한다니 선생님도 기쁘구나. 그래, 늘 너희에게 말하지만 현대 사회는 가치관이 혼란한 사회란다. 아주 간단히 우리 주변을 살펴보자. 네 친구들부터 살펴볼까? 고등학교 1학년이 다 끝나 가는데 겉으로 볼 때는 대학이라는 목표를 향해 모든 노력을 기울이고 있는 것 같지만, 실상은 자신이 어디로 가고 있는지 또 무엇을 위해 매일같이 생활하고 있는지를 전혀 모르고 불안 속에서 방황하는 것이 너희의 모습인 것 같구나."

"맞아요, 선생님. 친구들을 보면 누구 하나 확실한 가치관이 없고 가치관의 혼란으로 불안해 하고 있어요. 저만 해도 그 불안감을 감추기 위해서 공부에 더 매달리는 것 같아요. 하지만 가치관의 혼란으로 방황하고 있는 건 어른들도 마찬가지 아닌가요?"

"어쩜 하나는 선생님과 똑같은 생각을 하고 있구나. 찬찬히 들여다보면 너희들은 감수성, 모방력, 수용력 그리고 적응력이 아주 뛰어나. 그런데 비판력, 창의력, 응용력 그리고 자발성이 매우 부족한 걸 보면 너희가 가치관의 혼란으로 방황하고 있다는 걸 알 수 있지."

"정말 그런 것 같아요. 가치관의 혼란은 결국 금전만능주의, 물질만능주의, 외모제일주의를 만들어 내는 것 같아요. 누군가 저희에게 금전이, 물질이 그리고 외모가 최상의 가치냐고 물으면 대부분은 주저 없이 그렇다고 답할 거예요."

현대 사회에서 디지털 문명은 가상공간을 만들어 낸다. 그런데 가상공간에서 일어나는 사건들의 속도는 현실에 비해 너무나 빠르기 때문에 깊이 생각할 여유를 주지 않는다. 당장 쓸모 있고 힘이 있으며 나에게 도움이 되는 것을 요구하다 보니 디지털 문명의 삶은 피상적일 수밖에 없다. 그렇게 매 순간을 때우다 보니 삶은 심원한 통찰보다는 임시방편으로서 돈과 물질과 외모를 가장 가치 있는 것으로 여길 수밖에 없게 된다.

특정한 개인 또는 사회가 각 개인을 심하게 억압하지 않은 한 사람들은 자유나 평등, 사회적 정의의 필요성을 거의 느끼지 못한다. 많은 사람들은 '배부른 돼지보다 배고픈 소크라테스'를 선택하는 대신에 '배고픈 소크라테스보다 배부른 돼지'로 살고 싶어한다. 사람들은 더 이상 창작의 고통을 감내하면서 예술에 종사하기보다는 당장의 물질적 부와 쾌락을 가져다주는 오락으로서의 예술을 만들고 즐기려고 한다. 또한 온갖 고뇌와 번민의 골짜기를 지나서 구원과 깨달음의 신앙을 간직하기보다는 오직 나와 내 가족의 안녕을 위해 종교 집단에 의지하는 경향이 있다. 그리고 무한한 시행착오를 거치면서 추측과 가설을 넘어서서 학문적 진리를 탐구하기보다는 새로운 연구 결과에 주어지는 경제적 보상에 몰두한다.

이와 같은 현대 사회의 상황에서 우리는 옳음과 그름, 선과 악, 정의와 불의, 의무와 권리 등의 윤리 문제 앞에서 당황하지 않을 수 없다. 왜냐하면 우리에게 더 이상 도덕적 내지 윤리적 잣대가 없기 때문이다. 과연 어떻게 해야 우리는 현대 사회에서 도덕적 잣대를 찾을 수 있을까? 이 물음에 대한 답은 결코 쉽지 않다. 과거와 현재의 가치들을 비판적 입장에서 철저하게 고찰하고 동시에 미래 지향적 가치를 예측할 경우 우리는 현대 사회의 위치와 방향을 가늠할 수 있는 도덕적 가치의 잣대를 찾을 수 있을 것이다.

미래 지향적 가치관이란

가치는 사실과 다르며 더 나아가 도덕적(윤리적) 가치는 인식론적(앎의) 가치 및 미적 가치와 다르다. 일반적으로 자연과학은 사실을 다루는 학문이고, 인문과학과 사회과학은 가치를 다루는 학문이다. '인체를 해부학적으로 설명하라'고 한다면 이것은 인체의 해부학적 사실을 기술하라는 뜻이다. '이 인간의 행동은 선하다'는 말은 '이 인간의 행동이 가치 있다'는 의미다.

수진이와 오빠 민수의 대화를 들어 보자.

"오빠는 역사학 전공이니까 내 궁금증을 풀어 줄 수 있을 것 같아. 오빠, 미래 지향적 가치관이란 어떤 거야?"

"헉! 아닌 밤중에 홍두깨라는 말이 딱 지금을 두고 하는 말 같다. 갑자기 왜 그래? 참 난처한 질문인데……. 음, 한번 생각해 보자. 너 내후년에 화학과에 진학하겠다고 했지? 화학과를 졸업하면 의학 전문 대학원에 가고? 네 미래의 직업은 의사이고, 그렇다면 네 미래의 가치관은 아픈 사람들을 치료하는 거겠네? 자, 무슨 말인지 알겠어? 너의 미래 지향적 가치관은 구체적으로 말하자면 환자를 치료하는 거야. 좀 더 넓게 말하면 그것은 이타적인 선한 행동이지. 그러면 우리 수진이가 장차 여자 슈바이처* 박사가 되겠는걸!"

"놀리지 좀 마! 오빠 말을 들어 보니 개인에게도 미래 지향적 가치관이 있을 수 있고 또 사회와 국가에도 미래 지향적 가치관이 있을 것 같아. 만일 개인이나 가정 그리고 사회와 국가에 미래 지향적 가치관이 없다면 그런 개인이나 집단은 그야말로 의미가 없을 것 같아."

"오호, 말솜씨 보니 너는 의사보다는 사회학자나 철학자가 되는 게 낫겠다. 그래, 사실 네 말이 맞아. 미래를 예상하고 미래를 내다보는 가치관이 건실하고 튼튼할수록 개인이나 사회는 발전할 수 있는 거지. 간단히 말해서 급하게 빠른 길만 택하면서 현실에만 안주하는 사회는 미래 지향적 가치관보다는 당장의 현실만 해결하기 위한 피상적인 가치관을 중요시하지. 그런 사회에서는 금전만능주의, 물질만능주의, 외모지상주의가 판을 치는 거야."

"민수 오빠 말대로라면 지금 우리 사회가 바로 피상적 가치를 중요 시하는 사회네? 학교 친구들만 봐도 대부분 돈과 명품에 푹 빠진 것 같아. 고등학교 2학년인데 벌써 쌍꺼풀 수술한 애들도 많고 어떤 애 들은 대학 들어가서 성형 수술한다고 벌써부터 적금 붓는대. 그럼 외 모지상주의, 금전만능주의, 물질만능주의가 우리에게도 만연하니 우 리 청소년들에게 미래 지향적 가치가 없다고 볼 수 있는 거야?"

"그래, 내가 보기에도 청소년뿐만 아니라 우리 사회 전체의 미래 지향적 가치가 걱정이야. 너도 정경유착(政經愈着)*이라는 말을 들 어서 알겠지만, 아직까지 우리는 선진화가 덜 되어서 그런지 정치 권 력을 가진 사람들 중 상당수가 경제적 부(富)와 밀착되어 있고, 또 반 대로 경제력을 가신 사람들이 권력과 뗄 수 없는 관계를 맺고 있어서 부정부패의 온상이 되고 있지."

"그렇지만 오빠, 아무리 사회가 부패했더라도 미래 지향적 가치관 은 있어야 하고 또 사회 구성원들은 당연히 미래 지향적 가치관을 가 져야 하는 거 아닐까? 나는 오히려 우리 사회 구성원 중 대다수가 정 직하고 건전한 미래 지향적 가치관을 가지고 있다고 믿어.

수십 년간 콩나물 장사를 하던 할머니나 국 밥집을 하던 할머니가 일생 모은 돈을 장학금 으로 기탁하고, 가수나 연예인들이 상당액을 기부하고, 또 가끔씩 재벌이 거액을 불우 이 웃 돕기에 희사하는 것을 봐. 그런가 하면 각

종 자원봉사 단체가 소외 당한 불행한 사람들을 뒷바라지하는 경우
도 많아. 또 청소년 중에는 금전이나 물질 그리고 외모지상주의의 유
혹에 시달리면서도 자신의 앞날을 스스로 설계하면서 미래 지향적
가치관을 키워 가는 아이들이 꽤 많아. 그래서 나는 긍정적으로 보는
편이야."

"네 말을 듣고 보니 일리가 있는 것 같다. 그렇다면 네가 말한 청소
년들에게 있어 미래 지향적 가치관이란 어떤 걸까? 좀 구체적으로 말
한다면 말이야."

"나는 개개인이 가장 하고 싶은 일을 자유롭게 하며 타인과 평등하
게 살고, 그렇게 살아감으로써 의사 결정의 절차가 보장되는 정의로
운 사회를 구성하는 데 조금이라도 보탬이 되는 게 미래 지향적 가치
관이라고 생각해."

미래 지향적 가치는 사람들마다 다양하게 표현될 수 있다. 가장 바람
직한 현대 사회는 개인들의 표현의 자유, 곧
다양한 표현의 자유가 보장되는 민주 사회다.
민주주의 사회는 링컨*이 말한 대로 '국민에
의한, 국민을 위한, 국민의 정부'가 보장되는
사회다. 어떤 사람은 행복을, 또 어떤 사람은
선한 삶을 그리고 또 어떤 사람은 정의로운 사
회를 미래 지향적 가치로 내세울 것이다.

미래 지향적 가치는 개인과 사회에 따라서

다양할 수 있다. 그렇지만 그렇게 다양한 미래 지향적 가치들은 동적이며 개방적일 때 비로소 건전한 미래 지향적 가치일 수 있다. 만일 미래에 기대되는 가치가 이기주의적이거나 폐쇄적이거나 또는 고정되어 있다면 그런 가치는 보람 있는 미래를 약속할 수 없을 뿐만 아니라 개인과 사회를 황폐하게 만들 뿐이니, 표면적으로만 가치라는 허울 좋은 가면을 쓰고 있는 셈이다.

생각해 볼 문제

1. 우리 사회에서 도덕이 땅에 떨어진 경우와 도덕이 바로 선 경우를 구체적으로 예를 들어서 설명해 보자.

2. 나 자신이 가장 중요하게 여기는 가치는 어떤 것인가? 현실 사회를 살아가면서 각자 가지고 있는 가치관에 대해서 이야기해 보자.

3. 우리의 전통 가치에는 어떤 것들이 있는가? 외래 가치에는 어떤 것들이 있는가? 전통 가치와 외래 가치의 조화는 가능한지 토론해 보자.

4. 유교 도덕의 핵심을 이야기해 보자. 유교 도덕의 장점과 단점을 이야기하고 현재의 생활에서 어떻게 유교 도덕을 살릴 수 있을지 이야기해 보자.

5. 금전만능주의, 물질만능주의 그리고 외모지상주의의 구체적인 사례를 들어, 왜 그러한 현상이 우리 사회에 만연하게 되었는지 생각해 보자. 또한 어떻게 휴머니즘을 회복할 수 있는지 이야기해 보자.

6. 디지털-사이버 후기 산업사회에서 우리가 가질 수 있는 미래 지향적 가치관에는 어떤 것들이 있는지 논의해 보자.

사회적 동물로서의 인간이 다른 동물들과 다른 점은 폐쇄적 사회를 개방적 사회로 변화시킬 수 있는 능력이 있다는 점이다. 그러한 능력은 거시적으로 말할 경우 인간의 의식이고, 미시적으로 말하자면 지성이나 의지나 정서라고 할 수 있다. 폐쇄사회를 개방사회로 변화시킬 수 있는 능력을 의지의 측면에서 이야기하자면 그것은 바로 인간의 도덕적 행동이다.

2장
도덕과
윤리

V A L U E S

도덕적 행동

　인간은 문화적 존재이다. 인간은 사회적 존재로 공동체 생활을 영위하면서 문화를 창조하기 시작했다. 거대한 시간의 역사에서 문화를 창조하며 살아온 인간은 문화의 창조자인 동시에 문화의 피조물이다. 이것은 곧 인간은 문화를 창조할 뿐만 아니라 문화의 영향을 받으면서 삶을 영위한다는 뜻이다.

　영어로 문화를 뜻하는 '컬처(culture)'는 라틴어 '쿨투스(cultus)'에서 유래한 것으로 쿨투스의 원래 뜻은 경작, 노동, 훈련, 교육, 존경 등이었다. 쿨투스의 동사형은 '콜로레(colore)'인데 이것은 '농사짓다', '경작하다'라는 뜻이다. 로마의 정치가이자 철학자이며 웅변가인 키케로˚가 쿨투스를 교양 내지 문화라는 뜻으로 처음 사용했다.

키케로는 농작물을 잘 보살펴서 실한 열매를 맺을 수 있는 것처럼 인간도 잘 가꾸고 보살피면 교양 있는 인간, 곧 문화적 인간으로 성숙하게 만들 수 있다고 믿고 '경작'을 '교양'이나 '문화'의 의미로 전환시킨 것이다.

문화를 형성하는 요소는 학문, 도덕, 예술, 종교, 과학, 정치, 법, 경제 등 매우 다양하지만 그래도 문화의 가장 기본이 되는 요소는 학문, 도덕, 예술, 종교 등이라고 할 수 있다. 인간은 누구나 많든 적든 간에 학문, 도덕, 예술, 종교 등의 세계에서 살아가면서 문화 생활을 이끌어 가고 영위한다. 도덕 측면에서 볼 때 문화인의 행동은 도덕적이다. 만일 어떤 인간이 도덕과는 전혀 상관없이 행동한다면 그는 진정한 인간이 아닐 뿐만 아니라 문화적 인간도 아니다.

진아와 아빠가 도덕에 관해 나눈 대화를 살펴보자.

"아빠, 인간의 행동에서는 옳고 그름을 따지는데 왜 꼭 그래야 하죠? 개나 동물의 행동에서는 옳고 그름이 문제가 안 되는데 왜 인간에게서만 옳은 행동과 그릇된 행동을 구분하는지 모르겠어요."

"그거야 인간이 도덕적 존재이기 때문이지. 도덕적 존재에 대해 더 명확하게 말하자면, 인간은 자기 행동의 기준을 평가할 수 있는 존재라는 뜻이야. 다시 말해서 정상적인 인간은 자기 행동을 비판적으로 그리고 선택적으

로 통제할 수 있어. 그렇기 때문에 행동에는 항상 권리와 의무가 따르게 마련이란다."

"아빠, 그럼 이렇게 이해해도 되나요? 예컨대 마약 중독자나 알코올 중독자, 어린아이나 정신지체자 등은 책임지고 자신의 행동을 통제할 수 없으니까 도덕적 존재라고 할 수 없고, 그 이외의 모든 정상인은 도덕적 존재라고 할 수 있겠네요?"

"그래. 하지만 진아야, 주의할 것이 있어. 어린아이, 정신지체자, 약물중독자 등은 모두 정상인이 될 가능성이 있기 때문에 한편으로는 자신의 행동에 책임을 져야 하는 도덕적 존재이지만, 다른 한편으로는 자발적으로 자신의 행동을 비판하고 선택할 수 없기 때문에 비도덕적 존재이기도 해. 그래서 그런 사람들이 그릇된 행동을 했을 때 사회는 그들을 처벌하기에 앞서 보살피고 교정함으로써 정상인이 될 수 있게 도와주는 거란다."

"도덕적 행동은 반드시 나를 버리고 타인들을 돕는 이타적 행동이어야만 하나요? 보통 생각하기에는 옳고 선한 행동은 도덕적 행동인데 그런 것은 대부분 이타적 행동이잖아요."

"꼭 그런 행동만 도덕적이라고는 할 수 없을 것 같구나. 일반적으로 사회 규범에 맞는 행동은 도덕적 행동이라고 할 수 있겠지. 아빠가 말하는 사회 규범이란 다원적이고 열린사회*, 곧 민주주의 사회의 규범을 말하는 거야. 만일 독재 사회의 규범에 따라서 독재자가 지시하는 것만 행한다면 이때의 행동은 도덕적 행동이 아닐 거야."

"로마의 네로 황제*가 독재자였다면서요? 네로 황제는 불타는 로마 시내를 바라보는 동안 이글거리는 불길에 황홀해서 눈물까지 흘리면서 '활활 타거라, 로마여! 이 아름다운 광경을 보노라니 눈물이 흐르는구나. 여봐라, 눈물 단지를 대령하라!'라고 소리쳤대요. 독재자의 이런 행동은 당연히 도덕적 행동이 아니겠지요. 또 우리 반에 민지라는 애가 있는

데 그 애는 시험 시간마다 커닝을 해요. 온갖 수법을 다 동원하니까 반 친구들이나 선생님도 눈치를 못 채요. 민지가 바로 제 앞자리여서 저는 다 봤거든요. 민지의 행동은 도덕적이지 않아요. 저는 민지 때문에 화도 나고 스트레스도 심하게 받았어요. 그러지 말라고 충고를 해야지 하면서도 차마 못했어요. 선생님께 말씀드리면 고자질쟁이가 되는 것 같아서 그러지도 못했고요.”

“이런, 그런 일이 있어서 진아가 도덕적 행동에 관해 고민하고 있는 거구나. 지금 아빠랑 도덕적 행동에 관해 이야기하면서 조금 더 생각해 보면 진아 스스로 해결의 실마리를 찾을 수 있을 것 같은데? 네가 지금 이야기한 네로 황제나 민지네 반 아이의 행동은 비도덕적 행동이야. 그럼 구체적으로 도덕적 행동에 대한 예를 들어 볼까?”

“그거야 뭐, 우리가 하는 일상적인 행동은 대부분 도덕적인 것 같아요. 제 생각에, 고대 원시인들은 그들 나름대로, 그리고 현대인도 각자 나름대로 도덕적으로 행동하면서 사회를 이끌어 온 것 같아요. 가정에서는 식구들끼리 서로 위하며 사랑하고, 사회에서는 서로 협력하며, 국가에서는 법을 따르는 게 바로 도덕적 행동이겠지요.”

우리는 인간을 여러 가지로 정의한다. ‘인간은 생각하는 존재’, ‘인간은 유희할 줄 아는 존재’, ‘인간은 만물의 영장’, ‘인간은 이성적 존재’ 등등 인간을 설명하는 말들이 많다. 그 중에서도 인간의 특징을 가장 잘 드러내는 정의는 ‘인간은 사회적 존재이다’라는 말일 것이다. 인간은 사회적 존재이기 때문에 문화적 존재이고 동시에 도덕적 존재인 것이다.

인간 외의 동물들은 본능에 따라 움직이고 행동한다. 우리는 하등 동물에 관해서는 행동이라는 말을 쓰지 않지만 고등동물에 관해서는 행동이라는 말을 사용한다. 특히 원숭이를 비롯해서 오랑우탄, 침팬지, 고릴라 등 유인원에 관해서는 행동이란 말을 자주 사용한다. 어떤 종류의 유인원은 간단한 도구를 만들고 사용한다. 하지만 그런 유인원조차도 유추(類推)에 의해서 복잡한 도구를 만들거나 반성적 내지 비판적 사고는 하지 못한다. 더욱이 옳고 그름 및 선과 악을 가려서 도덕적 행동을 하는 것은 불가능하다.

물론 개미나 벌도 사회적 동물이다. 개미나 벌의 사회는 본능에 의해 형성되는 사회다. 개미나 벌들과는 달리 유인원들은 낮은 단계지만 지성으로 사회를 형성하기 때문에 본능에 의한 사회라고 보기는 힘들다. 그렇지만 유인원들도 대부분 본능에 의해 살아가며 지성은 극히 일부이기 때문에 그들의 사회는 폐쇄적으로 장기간 유지되어 왔다.

사회적 동물로서의 인간이 다른 동물들과 다른 점은 폐쇄적 사회를 개방적 사회로 변화시킬 수 있는 능력이 있다는 점이다. 그러한 능력은 거시적으로 말할 경우 인간의 의식이고, 미시적으로 말하자면 지성이나 의지나 정서라고 할 수 있다. 폐쇄사회를 개방사회로 변화시킬 수 있는 능력을 의지의 측면에서 이야기하자면 그것은 바로 인간의 도덕적 행동이다.

비도덕적 행동

    도덕적 행동에 반대되는 개념은 비도덕적 행동 내지 반도덕적 행동이다. 다시 한 번 진아와 아빠의 대화를 들어 보자.

    "아빠, 도덕적 행동이 아닌 것은 모두 비도덕적 행동이니까 개나 소나 말의 행동은 비도덕적이라고 할 수 있는 거군요? 그런데 도덕을 사람이 지켜야 할 도리라고 할 때 도덕적이라거나 비도덕적이라는 말은 사람에게만 적용되는 게 아닐까요?"

    "그래, 네 말이 맞아. '행동'이라는 개념 자체가 인간의 행동을 말하는 거지. 개나 소가 움직이는 것은 행태라고 표현하는 게 맞겠지. 아까도 말한 것처럼 우리는 비판적으로 그리고 선택적으로 통제할 수 있는 행동을 인간의 행동이라고 부른단다. 쉽게 말해서 도덕적 행동은 올바른 행동이고 비도덕적 행동은 그릇된 행동이야. 네가 엄마, 아빠에게 공손한 것은 도덕적 행동이고 아주 가끔이긴 하지만 네가 엄마, 아빠에게 심하게 짜증을 내거나 소리 지르며 화내는 것은 비도덕적 행동이지. 자기 자신을 통제하지 못하기 때문에 그러는 거니까 말이야. 엄마, 아빠의 경우도 우리 진아의 인격을 존중하면서 공감하고 대화하는 것은 도덕적 행동이지만, 그때그때의 기분에 따라 진아를 야단치거나 혼낸다면 그건 비도덕적 행동인 거지."

"그러고 보면 인간이란 참으로 오묘하기 짝이 없어요. 인간은 앞뒤 양쪽에 얼굴을 가진 야누스● 같아요. 도덕적으로 행동하던 사람이 갑자기 비도덕적으로 행동하는 경우도 많잖아요. 선진사회와 후진사회의 차이는 정치·경제 수준에서도 나타나지만 무엇보다도 도덕 수준에서 분명한 차이가 나는 것 같아요. 사람들이 얼마나 도덕적으로 올바르고 깨끗한가에 따라서 선진사회와 후진사회가 나뉘는 게 아닐까요?"

"아주 좋은 지적이구나. 이 아빠도 진아의 의견에 전적으로 공감한단다. 그래서 사람은 많은 것을 보고 듣고 경험해야 해. 진아가 지난 여름 방학 때 배낭여행을 한 것처럼 말이야. 힘들어도 용기를 내니까 안 되던 영어도 술술 나왔다고 했지? 그렇게 용기를 내면 더 많은 것을 경험하고 배울 수 있단다. 아무튼 진아 말대로 선진사회와 후진사회의 차이는 사람들의 행동이 얼마나 도덕적이냐 그리고 또 얼마나 비도덕적이냐에서 가장 잘 나타나지. 그러니까 도덕적으로 선진사회를 많이 경험하고 장점을 배우면 인생을 살아가는 데 큰 도움이 된단다."

"맞아요. 그때 참 힘들었지만 다양한 경험을 통해 많은 생각을 하게 되었어요. 우선, 행동에 질서가 없으면 그것은 비도덕적 행동이에요. 법으로는 일정 세금을 내도록 되어 있는데도 사회를 이끌어 갈 위치에 있는 사람들조차 자신의 소득을 실제보다 낮춰 신고해서 탈세를 하잖아요. 그것은 비도덕적 행동이에요. 그뿐만이 아니잖아요. 신문에 자주 보이는 기사에는 전문직 고소득자들이 소득 신고를 쥐꼬리만큼만 했다가 들통이 났다는 내용들이 있어요. 이런 행동은 비도덕적 행동이죠.

우리 청소년들을 예로 들면, 금전만능주의와 외모지상주의가 비도덕적 행동을 유발하는 커다란 원인이 되고 있어요. 많은 아이들이 무리할 정도로 부모님에게 떼쓰는 것부터가 비도덕적 행동인 경우가 많아요. 자기 욕구를 위해 '반에서 70퍼센트가 넘는 아이들이 쌍꺼풀 수술을 했어.'라든가 '우리 반 애들도 명품 한두 가지는 다 가지고 있어.' 또는 '유명 학원이나 고액 과외는 기본이야.'라는 등 온갖 핑계를 끌어다 부모님을 졸라대죠. 그렇게 해서 자기가 원하는 것을 못해 주는 부모님에게 죄책감까지 들게 하는 아이들이 많아요. 그런 태도는 정말 비도덕적 행동인 것 같아요."

"진아는 그러지 않으니, 아마도 도덕적 행동의 모범이 되는 것 같구나. 도덕이란 사회에서 인간이 당연히 지켜야 할 도리야. 그러니까 도덕적 행동을 한다고 해서 그 사람이 타인의 모범이라거나 남들보다 뛰어나다는 뜻은 아니야. 그것은 일반적인 인간으로서 당연히 해야 할 행동이라는 거지. 4대 성인, 즉 예수*, 석가모니*, 공자, 소크라테스*의 도덕적 행동은 보통 사람들의 도덕적 행동과는 다른 타인의 모범이 되는 도덕적 행동이기 때문에 4대 성인으로 추앙받는 거란다. 도덕적 행동에도 질적인 차이가 있다는 거지.”

“더 자세히 말하자면 도덕적 행동과 마찬가지로 비도덕적 행동에도 여러 종류가 있고 또 질적 차이도 있을 수 있다는 거죠? 예컨대 히틀러*의 유대인 학살과 같은 것은 정말 최악의 비도덕적 행동에 해당하는 거죠. 그리고 제가 가끔 용돈을 더 타기 위해서 엄마한테 참고서 사야 한다고 거짓말하는 것은 비도덕적 행동이긴 하지만 애교로 넘어가 줄 수 있는 거라서 아시면서도 가끔 속아 주시는 거고요? 그러니까 사회의 도덕 규범을 지키면서 도덕적 행동을 할 때 비로소 가정과 사회와 국가가 반듯해질 수 있겠네요.”

비도덕적 행동은 도덕적 행동과 정반대로 개인을 병들게 할 뿐만 아니라 가정을 파괴하며 국가를 위태롭게 한다. 대부분의 후진국들을 보면 지배 계층부터 서민에 이르기까지 도덕적 행동의 잣대가 불분명하다. 이런 곳에서는 개인 이기주의와 집단 이기주의가 난무하게 마련이다. 개인 이기주의 및 집단 이기주의가 난무하는 곳에는 사회 질서가 제대로 자리 잡을 수 없다.

대부분의 비도덕적 행동은 결국 사회 범죄로 이어진다. 범죄가 들끓는 사회에서는 인간의 자유와 평등이 설 자리가 없을 뿐만 아니라 사회 정의가 자리 잡을 곳도 없다. 비도덕적 행동의 끝은 인간이 비인간화되는 사회다.

도덕과 윤리는
다른 것인가

우리 인간은 문화적 존재이다. 문화를 구성하는 요소들은 정치, 경제, 도덕, 학문, 예술, 종교, 과학 등이지만 이 중에서 가장 중요한 것은 도덕, 학문, 예술, 종교이다. 학문은 진리가 그 내용이고, 예술은 아름다움이 그 내용이며, 종교는 믿음의 의지가 알맹이인 데 비해서 도덕은 옳고 그름의 가치가 그 내용이다.

도덕은 사람들 사이에서 당연히 지켜야 할 도리다. 도덕과 윤리에 관한 길수와 누나의 대화를 들어 보자.

"누나, 누나는 철학이 전공이니까 도덕이 뭐고 윤리가 뭔지 잘 알겠지? 그래서 물어보는 건데 나는 도덕과 윤리가 헷갈려. 초등학교 교과서에는 도덕은 있어도 윤리는 없고, 또 고등학교나 대학교에서는 도덕은 배우지 않고 윤리를 배우잖아. 도덕이나 윤리나 행동의 가치를 지시하는 말인데 이 두 가지는 같은 거야, 아니면 다른 거야? 낮은 가치는 도덕이고 높은 가치는 윤리인 건가?"

"헷갈리는 것도 무리가 아니지. 나도 그게 꽤나 혼란스러웠어. 그래서 거의 한 학기를 도서관에서 도덕과 윤리에 관해 많은 책들을 읽으며 생각을 정리했지.

대부분 사람들은 도덕과 윤리를 같은 의미로 써. '도덕이 땅에 떨어졌다.'라든가 '윤리가 바로 서지 못했다.' 등과 같은 말에서는 도덕이나 윤리를 가치라는 의미로 사용하는 거야. 그뿐만 아니라 칸트 같은 철학자는 윤리와 도덕을 동일한 의미에서 말했어.

하지만 도덕은 일상 차원의 용어인 데 비해 윤리는 학문적이고 체계적 차원의 용어야. 더 나아가서 도덕은 관습적이고 구체적인 차원의 가치지만 윤리는 그보다 추상적이며 포괄적 차원의 가치라고 이해하는 게 좋을 것 같아."

"으아! 누나 말을 들으니까 골이 막 지끈지끈하고 도저히 무슨 말인지 모르겠어. 그런데 누나가 방금 말한 도덕과 윤리에 관한 게 바로 헤겔◆의 변증법 철학◆에 근거한 사상이야?"

"애는 갑자기 무슨 헤겔의 변증법 철학을 들먹이니? 다시 잘 들어봐! 사람에 따라서는

국가의 법은 윤리
하늘의 질서는 도(道)
헤겔
노자

도덕과 윤리를 같은 의미로 사용하기도 해. 그러나 도덕은 다분히 주관적이고 습관적인 데 비해서 윤리는 객관적이고 도덕적인 규범의 총체를 의미해. 구체적인 예로 '개인의 도덕'과 '가정의 윤리'나 '국가의 윤리'라는 말을 비교해 보면 알 수 있지."

"에이, 누나는 항상 누나 입장에서만 논리적으로, 체계적으로, 추상적으로 이야기하니까 상대방이 이해하기 어려운 거야. 누나도 수사학 좀 배워야겠어. 가만 들어 보니 아까 한 내 말이 맞는 거네. 초등학교의 가치에 관한 교과서는 도덕이고 중·고등학교의 가치에 관한 교과서는 윤리라 이 말씀이지.

더 설명해 볼까? 도덕은 사회에서 사람이 지켜야 할 도리로서의 행동이야. 도덕은 어디까지나 실천적 행동인 셈이지. 그런가 하면 윤리는 도덕 규범의 총체야. 실천적인 모든 도덕에는 기준이 있고 이 기준들의 총체가 윤리니까 결국 윤리는 실천적이고도 이론적인 것이라고 할 수 있어. 그러니까 개인과 가정, 국가에 관해서 도덕과 윤리를 말하자면 개인의 도덕과 윤리, 가정의 도덕과 윤리 그리고 국가의 도덕과 윤리를 모두 열거할 수 있는 거야. 막 떠들고 보니, 이게 타당성 있는지 살짝 고민이 되는데."

"길수야, 너는 공대 말고 철학과를 가야겠다. 논리적인 면에서 나보다 나은 것 같은데? 나는 복수전공으로 철학과 정치학을 공부하고 있는데, 솔직히 정치학 쪽에 더 관심이 많아. 도덕과 윤리에 관해서는 이 누나가 길수한테 두 손 두 발 다 들었다."

두 사람의 대화에서 알 수 있듯 도덕은 제도화되지 않은 사회의 내면적 규범이라고 볼 수 있다. 예컨대 버스나 지하철에서 젊은이들이 임산부나 노약자에게 자리를 양보하는 것은 도덕이다. 이와 같은 도덕은 일종의 사회 관습이다. 사람들은 왜 도덕을 지키는 것일까? 사람들은 누구나 가치 의식, 곧 윤리 의식을 가지고 있다. 그렇다면 비도덕적 행동의 동기는 어떻게 설명할 수 있을까? 그것은 바로 윤리 의식의 결여 때문이라고 할 수 있다.

계속해서 길수와 누나의 대화를 들어 보자.

"그럼 길수야, 이번에는 누나가 물어봐야겠다. 윤리가 도덕 규범의 총체라고 한다면 노덕보다는 윤리가 어니까시나 기본이야. 도덕은 내면의 가치 질서이지만 윤리는 내면적이고 외면적인 가치 질서야. 그러니까 헤겔과 같은 철학자는 국가의 법을 도덕이라고 하지 않고 윤리라고 했어. 그렇지만 동양의 노자(老子)◆는 하늘의 질서를 도(道)라고 하고 인간의 질서를 덕(德)이라고 했으니 국가의 법도 도덕이라고 할 수 있지 않을까?"

"누나는 가끔 궤변론자◆ 같을 때가 있다니까. 난 이렇게 생각해. 도덕과 윤리 모두 사회에서 사람이 지켜야 할 도리로 생각할 때는 두 개념이 같은 의미로 쓰이는 거야. 하지만 윤리를 도덕 규범의 총체라고 할 때는 두 개념의 의미가 달라지지. 말하자면 도덕은 구체적이며 실천적인 행동 규범이고 이 행동 규범의 총체가 윤리인 셈이 되는 거야. 그러니까 도덕 규범의 총체, 곧 윤리가 도덕의 잣대가 되어야 한다, 이 말이지."

일상생활에서 우리는 도덕적으로 행동한다. 다시 말해서 우리는 사회생활을 하면서 지켜야 할 도리를 지킨다. 우리가 도덕적으로 행동하는 것은 윤리 의식이 있기 때문이다. 윤리 의식이란 가치 기준에 관한 의식이다. 가치 기준은 선과 악, 옳음과 그름 등에 의해서 결정된다. 물론 옳음과 그름, 선과 악, 자발성, 양심, 자유의지 등 가치를 형성하는 요소들에 관해서는 다양한 입장에서 각각의 주장들을 내세울 수 있다. 형이상학적(形而上學的) 입장, 자연주의 입장, 직관주의 입장 등은 서로 다른 윤리관을 대변하는데 이들 입장들에 관해서는 나중에 살펴보자.

인간은 충동적인가, 도덕적인가

철학은 윤리에서 시작해서 윤리에서 끝난다는 말이 있다. 고대부터 철학자들은 삶의 실천과 이론을 철학의 가장 중요한 문제로 꼽았다. 어떤 일을 실천하다 보면 갈등과 모순이 생기고, 이때 우리는 갈등과 모순을 해결하기 위해 이론적 가설을 세운다. 이렇게 해서 우리의 삶에서는 실천과 이론이 맞물려 가면서 서로 돕는다.

그런데 어떤 직관주의 철학자는 지성적 이론은 본질적 삶과는 상관없고 단지 생활하는 데 유용할 뿐이라고 주장한다. 예컨대 손가락으로 밥을 먹든 젓가락, 숟가락으로 음식을 먹든 포크와 나이프로 식사를 하든 간에 식사를 하는 수단은 어디까지나 수단에 지나지 않고 중요한 것은 식사를 하는 사실이라는 것이다.

우리는 인간을 문화적 존재라고 했다. 문화란 인간의 인간다움을 가꾸고 키우는 역사적 산물이다. 따라서 문화란 인간의 자기반성 및 자기 창조의 산물이 아닐 수 없다. 도덕은 문화를 형성하는 하나의 중요한 요소이다. 인간을 일컬어서 도덕적 존재라고 할 때 그것은 인간이 자기반성을 하며 스스로 가치를 창조하고 가치의 잣대에 따라서 실천적으로 행동함을 가리킨다.

진아와 하나의 대화를 들어 보자.

"하나야, 요새 나는 니체*의 『차라투스트라는 이렇게 말했다』를 읽고 있는데 읽다 보니 알 듯 모를 듯한 말이 있어. '인간은 신과 짐승 사이의 다리다.'라는 말인데, 너는 무슨 말인지 알겠니?"

"글쎄, 인간은 신과 짐승 사이의 다리다……. 인간은 신과 짐승 사이에 낀 중간 존재이다, 뭐 그런 뜻이 아닐까? 그러니까 인간은 야누스와 같다는 말 같아. 야누스는 머리가 두 개 달린 고대 로마의 신인데 하나의 머리는 앞을 보고 다른 하나는 뒤를 보았대. '인간은 신과 짐승 사이의 다리다.'라는 말은 인간에게는 신의 모습도 있고 짐승의 모습도 있다는 그런 뜻이겠지 뭐."

"듣고 보니 그 말이 맞는 것 같다. 내가 요즘에 도덕적 행동과 충동에 관해 고민 중이거든. 나랑 친구인 너와의 관계에서도 그렇고 우리 가족들과의 관계에서도 그렇고 나는 최대한 도덕적으로 행동하려고 하지만 잘 안 될 때가 너무 많아. 솔직히 말해서 너하고 가끔 다툴 때마다 토라지고 화내는 쪽은 나잖아. 사실 나, 집에서도 자꾸 심술을 부려서 가족들이 나한테 말도 안 걸 때도 있어. 휴, 도덕적으로 행동한다는 거, 참 쉽지 않은 것 같아.”

“진아야, 지금 그 말은 도덕에 관한 거라기보다는 심리에 관한 거 같은데? 화내거나 토라지는 것은 네 심리 상태이지 옳고 그름의 문제는 아니잖아.”

“물론 그렇긴 하지. 하지만 사태의 옳고 그름을 제대로 판단하지 못하고 행동하니까, 그러니까 내 말은 옳지 않은 행동을 하고도 화내고 토라지니까 결국 도덕적으로 행동하지 못하고 있는 것 같다, 이 말이지. 이런 비도덕적인 행동은 신보다는 짐승에 가깝잖아.”

“뭐 그렇게까지 생각할 건 없잖아. 너는 공부도 잘하고 얼굴도 예뻐서 다른 아이들이 얼마나 부러워하는데, 네가 왜 짐승에 가까워? 하긴, 짐승에는 예쁜 노루도 있으니까. 아무튼 네가 인용한 ‘인간은 신과 짐승 사이의 다리다.’라는 말은 우리 인간의 갈등을 잘 표현한 것 같아. 인간이면 누구나 짐승이 되지 않으려고 애쓰면서 동시에 완전하고 절대적인 신에게 다가가려고 노력하잖아? 그래서 인간을 도덕적 존재라고 부르는 건지도 몰라.”

“그래 네 말이 맞아. 요즘에 내가 왜 유난히 ‘인간은 신과 짐승 사이의 다리다.’라는 말에 공감하는지 알아? 그건 나 자신에게 바로 신적인 면도 있고 짐승 같은 면도 있다는 것을 느껴서 그래. 높은 산에 올라가거나 바닷가에 앉아 있으면 나는 산과 하나가 되고 바다와 하나가 되는 느낌이 들어. 그리고 강남이나 신촌 거리를 걸으며 사람들과 섞여 있으면 많은 사람들과 하나가 된 기분이 들더라고. 그건 내가 마치 신이라도 된 것 같은 느낌이었어. 그런데 솔직히 내 안에서는 짐승이 울부짖고 있어. 화가 머리끝까지 치오르면 도저히 참을 수 없어서 아무나 마구 두들겨 패고 싶어. 그뿐이 아니야. 가끔은 성적 충동을 참기가 너무 힘들 때도 있어. 그러고 나면 나 자신이 구제불능처럼 느껴지는 거지.”

“진아야, 너 참 대단하구나! 내가 너에게 털어놓고 싶은 걸 네가 먼저 그렇게 말하다니! 사실은 나도 그래. 정말 네 말처럼 우리 인간은 충동과 도덕 사이를 방황하는 존재라서 그런가 보다.”

“너도 그랬구나. 그래도 인간은 충동과 도덕 사이를 방황하기는 하지만 끊임없이 도덕 쪽에 자신의 거처를 마련하려고 애쓰는 존재일 거야. 반대로 충동 쪽으로만 쏠리는 존재라면 인간에게 문화란 아예 존재하지도 않았을 거야.”

인간이 충동적인 존재인지 아니면 이성적인 존재, 곧 도덕적인 존재인지에 관한 논란에는 끝이 없다. 고대부터 지금까지 대부분의 사상가들은 인간을 이성적 존재로 보았다. 즉 인간은 이성적 자아에 의해 자신의 행동을 합리적으로 통제할 수 있는 존재라는 생각이 지배적이었다. 합리론자나 경험론자나 앎의 근거가 이성이냐 아니면 감각 경험이냐 하는 데서는 입장 차이가 있지만, 인간이 자신의 행동을 질서 있게 통제할 수 있다는 데는 같은 입장을 취한다. 합리론자들은 인간이 이성에 의해서 자신의 행동을 통제할 수 있다고 주장하고, 경험론자는 인간이 감각 경험 또는 경험적 습관에 의해서 자신의 행동을 통제할 수 있다고 한다.

반면, 쇼펜하우어나 니체 같은 철학자 그리고 프로이트 같은 정신분석학자는 지성이나 이성보다는 충동적 의지나 무의식이 인간의 가장 근본적인 삶의 힘이라고 보았다. 쇼펜하우어나 니체는 합리적 지성이란 단지 형식적인 껍질에 불과하고 삶의 내면은 꿈틀거리는 의지로 충만하다고 주장했다.

예컨대 지성이나 이성은 포장에 지나지 않으며 포장을 뜯어 버리면 그 안에는 직관으로밖에 파악할 수 없는 생명이나 힘의 의지가 약동하고 있다는 것이다. 또 프로이트에 의하면 이성적 자아는 현실적인 한 부분이고 인간의 더 내면적이고 심층적인 부분은 무의식이다. 우리가 제아무리 따지고 계산하면서 이성적(의식적) 자아에 의해 행동한다 할지라도 우리가 도달하는 곳은 결국 무의식적 충동이 이끌어 가는 곳이라는 것이 프로이트의 주장이다.

어느 쪽이든 간에 인간은 충동과 도덕 사이를 오락가락하는 존재인 것이다. 그러므로 한 사람 한 사람이 자신의 양심과 자유의지에 따라 충동은 완화하고 억압하며 도덕적인 행동을 지향할 때 인간은 미래 지향적인 가치관을 가질 수 있을 것이다.

사랑과
협동과 법

    독일의 관념론 철학자 헤겔은 『법철학 강의』에서 추상적 법이 어떻게 도덕이 되고 도덕이 어떻게 윤리가 되는지를 자신의 변증법 철학을 기초로 상세히 설명하고 있다. 이 내용에 관한 길수와 선생님의 대화를 살펴보자.

    "선생님, 얼마 전부터 헤겔 철학에 관해 읽고 있어요. 아직은 소개서 정도만 읽었지만 그래도 너무 대단한 것 같아요. 우주 원리, 다시 말해서 세계정신*이 스스로 전개되어 역사가 진행된다는 것이 헤겔 철학의 시작인 것 같아요."

    "헤겔이야말로 관념 철학, 곧 정신철학*의 거장이란다. 어떤 사람은 헤겔의 정신철학을 노자의 도가 철학(道家哲學)에 비교하기도 해. 노자에 의하면, 도(道)가 전개되면서 음양(陰陽) 이기(二氣)가 되고 이것에서 오행(五行), 즉 수(水), 화(火), 목(木), 금(金), 토(土)가 생기고 이 오행에서 다시 만물이 생긴단다. 헤겔은 절대정신(세계정신)◆이 의식, 자기의식, 이성 등으로 전개되며 동시에 자연, 예술, 종교, 철학 등으로 전개되면서 드디어 철학의 절대 지식에서 자기 자신으로 되돌아온다고 말하지. 무슨 뜻인지 알겠니?"

"좀 어려워요. 알 것 같다가도 확실하게는 모르겠어요. 그런데 무엇보다도 제가 알고 싶은 것은 헤겔의 법철학에서 추상적 법이 어떻게 주관적 도덕으로 발전하고, 또 주관적 도덕이 어떻게 객관적 윤리로 발전하는가 하는 거예요. 헤겔 법철학의 해설서를 한 번 읽어보기는 했는데 이해하기가 힘들더라고요."

"음……. 그건 나도 명쾌하게 설명하기 쉽지 않구나. 나도 윤리를 꽤 오래 공부하면서 나름대로 헤겔 법철학을 한글 번역판으로 읽고 해설서도 몇 권 읽으면서 정리해 보긴 했지만 다 이해했다고 자신하기는 힘들더구나. 그래도 길수가 이해할 수 있게 가능한 한 쉽게 설명해 보마. 인간은 언제 어디서나 자신의 고유한 인격을 가지고 자신의 인격과 함께

삶을 살아가기 위해 기본적인 재화(財貨)를 소유할 권리가 있단다.
이것을 일컬어 추상적 법이라고 할 수 있지. 그런데 사람들이 모여
사회를 형성하면서부터 사람들은 주관적 의지를 가지고 선과 양심에
따라 행동하게 되었고 이렇게 해서 도덕의 단계로 들어서게 되었단
다. 즉 아직 표면화되지 않은 추상적 법의 단계에서 도덕으로 발전이
이행되었다고 할 수 있지. 그리고 이제 도덕에서 현실적인 윤리로 발
전되지. 즉 가정과 시민 사회와 국가에서는 더 이상 추상적 법이나

도덕이 아니라 윤리가 지배하는 거야."

"선생님의 설명을 들으니까 헤겔의 법철학은 매우 치밀하고 체계적인 것 같아요. 그럼 가정과 시민 사회와 국가에서 윤리가 성립되지만 구성원들 각자는 추상적 법과 도덕을 바탕으로 하고 있다, 그렇게 말할 수 있는 거죠? 왜냐하면 가정에서도 부부, 부모와 자녀 그리고 자녀들은 서로 인격을 가지고 암암리에 자신의 소유권을 주장할 수 있는데 이것은 가족 구성원들이 기본적으로 추상적 법을 가지고 있기 때문이죠. 그리고 가족 구성원들 사이에는 주관적 의지를 가지고 양심에 따라 지켜야 할 도리, 곧 도덕이 있는 거예요. 그렇지만 가정에서 추상적 법과 도덕은 단지 기본으로 깔려 있는 것이고 가정을 현실적으로 지배하는 깃은 바로 윤리적 사랑이죠. 제가 보기에는 시민 사회나 국가도 가정과 마찬가지로 추상적 법과 도덕을 바탕으로 하지만 시민 사회의 현실적 윤리는 협동이고 국가의 윤리는 법이에요."

"오늘은 선생님이 길수한테서 한 수 배웠구나. 네 말을 들어 보니 네가 그야말로 헤겔 법철학의 핵심을 꿰고 있는 것 같다."

"에이, 너무 비행기 태우지 마세요. 저도 작년 고등학교 1학년 때만 해도 법이란 그저 범인을 처벌하기 위해서 국회에서 제정하거나 아니면 정부기관에서 정한 법조문이라고만 생각했어요. 그런데 우연히 '서양 철학사'를 공부하다 보니까 법에도 여러 가지가 있더라고요. 중세 때만 해도 어떤 유명한 신학자는 법의 종류를 신법(神法)◆, 자연법(自然法)◆, 실정법(實定法)◆ 등으로 구분했더라고요. 그러다가 헤겔의 법철학에 관한 해설서를 읽게 되었어요. 그래서 법도 처음부터 국가의 법이 아니고 처음에는 개인의 인격과 소유권이라는 추상적 법이 존재하다가 이것이 인간의 주관적 의지에 의해서 양심에 의한 도덕으로 발전하며 도덕은 다시 객관적 윤리로 발전했다는 것을 알게 되었어요."

"이제 길수의 미래는 걱정하지 않아도 되겠구나. 도덕이나 윤리에 관해 그만한 안목을 가지고 있다면 네 앞길은 스스로 충분히 개척해 나갈 수 있을 거다."

헤겔처럼 가정의 사랑이 시민 사회의 협동으로, 다시 사회의 협동이 국가의 법으로 지양(止揚)된다고 보는 역사관(歷史觀)은 낙천주의적인 것이다. 낙천주의적 역사관에 대립하는 것은 인류의 역사가 몰락을 향해 진행된다고 보는 염세주의적 역사관이다. 그런가 하면 쇼펜하우어처럼 역사는 혼돈(카오스) 속에서 맹목적으로 진행된다고 보는 혼돈주의 역사관도 있다. 그리고 영국의 역사학자 토인비처럼 역사는 몰락에서 부흥으로 그리고 다시 부흥에서 몰락으로 계속 순환한다고 보는 순환주의 역사관도 있다.

우리는 여러 역사관의 장단점을 비판적으로 예리하게 고찰하면서 우리의 현실적 윤리관에 잘 적용해야 한다. 그래야 헤겔이 말하는 추상적 법, 도덕, 윤리를 제대로 평가할 수 있을 것이고 나아가서 가정의 사랑, 시민 사회의 협동 및 국가의 법이라고 하는 윤리적 가치들을 쉽게 이해할 수 있을 것이다.

진리와 선과
미의 관계

어느 일요일 오후 진아는 오랜만에 엄마와 단둘이 집에 남았다.

"엄마, 나도 대학에 들어가면 미스코리아 선발 대회에 나가 볼까 봐요. 진이나 미는 안 되도 선은 될 것 같은데, 안 그래요?"

"진심이니? 너무 정색하고 말하는 걸 보니 뭔가 또 장난치려는 것 같은데, 그렇지? 몇 달 전에 아빠도 있는 자리에서 여성을 상품화하는 미인 선발 대회 같은 상업적 행사는 근절해야 한다며 입에 거품을 물었던 게 진아 아니었나? 네가 과연 그 대회에 나갈지도 궁금하지만, 그래도 이 엄마가 보기에는 당당히 미스코리아 진이 될 거 같은데. 우리 진아는 키도 늘씬하고 이목구비도 뚜렷하잖니? 왜 진이나 미는 안 되고 선이 될 거 같다는 거지?"

"어휴, 엄마. 아무래도 농담에서만큼은 엄마가 머리 회전이 안 빠른가 봐요. 아빠 같았으면 벌써 무슨 말인지 알고 막 웃었을 텐데. 아, 죄송 죄송. 당연히 저는 모든 미인 선발 대회에 반대해요. 여성들이 깊이 성찰하지 않으면 여성을 상품화하는 남성 위주, 상업성 위주의 사회 풍조가 영원히 사라지지 않을 거예요. 친구들만 봐도 여자애들이나 남자애들이나 다들 멋있고 예쁘게 보이려고 정말 난리란 말이죠. 너도 나도 성형 수술로 얼굴을 가꾸어야만 출세하고 돈 벌고 인정을 받는다고 생각하고 있으니⋯⋯. 나 참, 한심하기 짝이 없지 않아요? 그러니까 미인 선발 대회 같은 건 깡그리 없애야 해요!"

"너는 아빠를 닮아서 꽤 냉정한 편이면서도 이렇게 열 내면서 펄펄 뜰 때 보면 꼭 이 엄마 닮았다니까. 진아야, 진정 좀 하시고⋯⋯. 미인 선발 대회에 그렇게 칠색 팔색 하면서 왜 나중에 미스코리아 선발 대회에 출전하겠다는 거니?"

"음, 이제 아빠를 닮은 딸로 돌아와 볼까요? 미스코리아를 선발할 때 여러 명을 뽑지만 가장 대표적인 것은 진, 선, 미잖아요. 제 말의 핵심은 참다움인 진, 착함인 선, 아름다움인 미는 각각 무엇을 뜻하고 그들은 어떤 관계인가 하는 데 있어요."

"우리 진아, 농담 참 복잡하고 고차원적으로 하는구나. 드디어 본격적으로 시작하는 거야? 결국 네 말은 진, 선, 미가 무엇이고 그 관계가 어떤 것인지 궁금하다, 그거구나? 엄마는 그것도 모르고 혹시 네가 진짜로 미스코리아 선발 대회에 나가려고 하나 해서 깜짝 놀랐잖니."

"순진한 우리 엄마! 아빠가 엄마의 순진함이 좋았다고 하시더니, 이런 모습을 보고 사랑에 빠지셨나 봐. 엄마, 놀려서 미안해요. 그런데 진, 선, 미는 각각 어떤 것이고 이 세 가지는 서로 관계가 있을까요?"

"식구들 돌보고 살림하느라 솔직히 오랫동안 그런 것을 깊이 생각해 보진 않았구나. 그래도 진아랑 다양한 전시회도 가고 미학 관련 책도 읽어 보며 미와 선과 진리에 관해 곰곰이 생각해 보기도 했지.

엄마 생각에 진, 선, 미는 인류 문화의 전통과 뗄 수 없는 관계인 것 같아. 왜냐고? 진, 선, 미는 인간의 능력이 추구하는 궁극 목적이기 때문이지. 진리는 학문의 목적, 선은 도덕과 종교의 목적, 미는 예술의 목적이니까 말이야. 학문, 예술, 도덕, 종교 이 네 가지는 문화를 형성하는 가장 중요한 요소들이야. 그렇게 보면 문화의 궁극 목적은 진, 선, 미고, 결국 인간의 삶의 목적도 진, 선, 미인 거지. 인간은 다른 존재들처럼 자연 그대로의 모습으로 살아가지 않고 자신들의 의지에 의해서 진, 선, 미를 추구하며 살아가는 거야."

"와! 이렇게 진지하게 이야기하는 엄마를 보니까, 엄마야말로 심오한 삶의 철학을 통찰하고 있는 여성 철학자 같아요."

"비행기 너무 태우는 것 같다. 그건 그저 엄마가 평소에 생각하던 거라고."

"그런데 엄마, 학자들은 오로지 학문적 진리만 탐구하고, 또 예술가들은 아름다운 작품을 창작하는 데만 매달리고, 도덕군자나 성인군자들은 도덕적 행동에만, 종교인들은 종교 의식에만 몰두하는 것 같아요. 그렇다면 진, 선, 미는 별개의 것으로 서로 관련이 없는 거잖아요?"

"좁은 안목, 즉 미시적으로 보면 진, 선, 미는 각각 별개의 것이지. 그러나 넓은 안목, 즉 거시적으로 보면 진, 선, 미는 한 인간 안에 또는 하나의 문화에 한데 녹아 들어가 통일되어 있어. 그래서 학문이 고도로 발달한 사회에서는 예술과 도덕과 종교도 상당 수준 발달되어 있게 마련이야. 마찬가지로 종교가 고도로 발달한 문화에서는 학문이나 예술도 상당히 발달되어 있단다."

참다움(진), 착함(선), 아름다움(미)은 서로 떼어 놓고 보면 별 상관이 없어 보인다. 그러나 지성과 의지 그리고 정서를 한 인간에 적용해 보면, 지성적인 참다움과 의지적인 착함 그리고 정서적인 아름다움은 한 인간의 문화적 특징이자 목적이다. 문화적으로 확대해 보면 도덕적으로 올바르게 행동하고 종교적으로 올바르게 믿는 문화에서 예술적 아름다움이 꽃필 수 있으며 동시에 학문적 진리를 추구할 수가 있다.

어떤 개인이나 사회가 범죄의 수렁에 빠지고 악으로 물들어 있다면 그러한 개인과 사회에서는 학문적 진리도 이룰 수 없을 뿐만 아니라 예술적 아름다움도 추구하기 힘들다. 물론 인간 각각에 따라 조금씩은 다르다 해도 진, 선, 미는 인간 안에서 밀접한 관계를 맺고 있다. 우리가 삶에 의미와 가치를 부여할 수 있고 문화의 발전을 기약할 수 있는 이념들은 바로 진, 선, 미다.

생각해 볼 문제

1. 과거의 내 행동 중 어떤 것이 도덕적 행동이었는지를 되돌아보자. 내가 한 사회 봉사 활동 중 구체적으로 어떤 것이 도덕적 행동이었는지 자세히 이야기해 보자.

2. 재산이 많거나 큰 권력을 가진 사람들이 비도덕적으로 행동하는 예를 구체적으로 들어 보자. 또한 사람들이 일상에서 왜 그리고 어떻게 비도덕적 행동을 하게 되는지 이야기해 보자. 나 자신은 비도덕적 행동을 하지 않기 위해 어떤 생각을 하고 또 어떻게 행동하는가?

3. 도덕과 윤리를 같은 것으로 보는 입장은 어떤 것이며 도덕과 윤리를 다르게 보는 입장의 근거는 무엇인가?

4. 니체는 '인간은 신과 짐승 사이의 다리다.'라고 했다. 이 말을 염두에 두고 충동과 도덕이 무엇인지 이야기해 보자.

5. 추상적 법과 도덕 및 윤리를 구분하는 근거는 무엇인가? 가정과 시민 사회 및 국가의 윤리를 구체적으로 설명해 보자.

6. 진, 선, 미는 인류의 문화가 추구해 왔으며 또 지금도 추구하고 있는 삶의 궁극 목적이다. 진, 선, 미는 인간의 어떤 능력과 관계가 있으며 이것들은 인간에게 어떤 의미와 가치가 있는가?

"대부분의 인문학이나 사회과학은 인간의 행동을 연구한단다. 그런데 행동의 어떤 부분을 연구하느냐에 따라서 윤리학이 되거나 법학이나 경제학이 되는 거야. 인간 행동의 옳고 그름을 비롯해서 자유, 책임, 의무, 정의 등을 연구하는 학문이 윤리학이야. 그렇게 보면 법학, 정치학, 경제학 등도 넓은 의미에서는 윤리학의 범주에 들지. 사실 근대 초기까지만 해도 법학, 경제학, 정치학 등은 윤리학에 속해 있었어. 그런데 법만 연구하는 학문은 법학으로 그리고 정치적 행동만을 다루는 것은 정치학으로 또 경제적 행동만을 취급하는 것은 경제학으로 독립하게 된 거지."

3장

사실이냐
가치냐

VALUES

학문의
정체

일상생활을 하면서 우리는 모든 것에 관해 아주 잘 아는 것처럼 행동한다.

"이 버스 어디로 가죠?"
"분당으로 갑니다."

"이 귤 얼마입니까?"
"한 바구니에 5천 원이에요."

"이 귤처럼 생긴 건 무슨 과일이에요?"

"아, 그건 자몽인데 수입 과일이에요."

이렇듯 일상에 대해서라면 대부분의 사람들은 마치 만물박사처럼 모든 것을 잘 알고 있다. 그러나 "당신은 왜 삽니까?" "우리는 왜 공부를 합니까?" "인간은 왜 존재합니까?"와 같은 본질적인 물음을 만나면 몹시 당황하지 않을 수 없다.

일반적으로 물음은 여섯 가지로 나뉜다. 그것들은 '언제? 어디서? 누가? 무엇을? 어떻게? 왜?'에 관한 물음이다. 나는 이 여섯 가지 중에서도 세 가지, 곧 '무엇을? 어떻게? 왜?'를 기본 물음으로 여기며

이들 세 가지 물음 중에서도 '왜?'라는 물음을 가장 근원적인 물음으로 생각한다.

'무엇을?'에 관한 물음에 관한 답은 가장 간단하며 쉽다.

"이 긴 물건은 무엇입니까?"
"그것은 야구방망이입니다."

"당신의 턱 밑에 있는 검은 것은 무엇입니까?"
"아, 이것은 점입니다."

'무엇을?'이란 물음과 마찬가지로 '어떻게?'라는 물음에 대한 답 역시 그다지 어렵지 않다.

"수영은 어떻게 배우는 것이 제일 효과적인가요?"
"직접 물에 들어가서 허우적거리다 보면 자연히 배우게 되죠. 우선 수영 잘 하는 사람들의 머리, 팔, 몸통 그리고 다리의 움직임을 자세히 살펴보세요. 그 다음에는 직접 물에 뛰어들어서 잘하는 사람들의 자세를 따라해 보려고 애쓰면 차차 배우게 될 거예요."

"분당에서 부천까지 지하철로 가려고 하는데 어떻게 가는지 아세요?"
"좀 복잡합니다. 이 전철 노선도를 잘 참고하시고 여기에서 1호선

전철을 갈아타고 가시면 됩니다.”

그러나 앞에서 살펴본 대로 ‘왜?’라는 물음은 본질적인 것이므로 그에 대한 답은 그리 쉽지 않다. ‘왜?’의 물음은 진리를 탐구하는 물음이다. ‘왜?’의 물음에 답하기 위해 우리는 학문의 영역에서 진리를 탐구하는 것이다.

예컨대 물리학은 물리적 사실의 진리를 탐구하고, 윤리학은 도덕적 가치의 진리를 탐구한다. 오늘날과 같은 형태의 학문이 성립한 것은 근대에 들어와서이다. 서양의 중세만 해도 학문이라고는 신학, 철학, 의학이 있었을 뿐이다. 게다가 철학은 신학의 하녀로서 신학에 종속된 학문이었다. 더 거슬러 올라가면, 고대 그리스 시대에는 의학과 철학만 있었다. 플라톤만 하더라도 종합 학문으로서의 철학을 이야기하고 있었으므로 그의 철학(학문)은 종합적·신비적·실천적 및 이론적인 측면들을 함께 갖추고 있었다. 현대 학문의 싹을 키운 것은 플라톤의 제자인 아리스토텔레스◆이다. 그는 광범위한 철학의 틀에서 제일철학(형이상학), 윤리학, 정치학, 심리학, 생물학, 법학 등을 싹 틔웠기 때문에 현대 사회에서 다양한 학문을 연구하는 사람들은 아리스토텔레스를 일컬어 ‘정치학의 아버지’, ‘생물학의 아버지’, ‘천문학의 아버지’ 등으로 부른다.

여기에서 진아와 선생님의 대화를 들어 보자.

"선생님, 인문과학(인문학)과 자연과학은 어떻게 다르죠? 분명히 다른 것 같긴 한데 명확하게 어떤 차이가 있는지는 잘 모르겠어요."

"동양과 서양 모두 학문의 시초는 철학이나 신학인데 그것들이 바로 인문학이란다. 언어학이나 역사학, 문학, 교육학 등은 철학에서 유래한 것들로 모두 인문학에 속하지. 인문학과 자연과학은 그 방법론에 차이가 있단다. 그러니까 인문학은 인문학의 방법론으로써 그 특징을 알 수 있어. 또한 인문학의 대상도 고려해야 해. 먼저 역사학을 볼까? 역사학은 대상, 곧 역사적 사건의 개성(個性)을 기술한단다. 예컨대 '8·15 광복'을 연구할 때 역사학자들은 '8·15 광복'이라는 역사적 사건의 성격을 설명하는 거야. 이렇게 연구 대상의 의미와 가치를 설명하는 것이 인문학의 방법론이야."

"그럼 자연과학은 인문학과는 방법론에서 전혀 다르겠네요?"

"암, 그렇지. 인문학의 방법을 일컬어서 개성기술적(個性記述的) 방법이라고 하지. 그런가 하면 자연과학의 방법은 법칙정립적(法則定立的)이야. 즉 인문학과 달리 화학이나 물리학은 어떤 대상을 연구할 때 일정한 원리에 따르면서 결국 자연 대상에 대한 법칙을 세우는 것이지."

"그럼 인문학의 대상은 한 번뿐이니까 일회적이고 자연과학의 대상은 항상 동일하니까 반복적인 것이겠네요? 제 말씀은 '8·15 광복'이나 '6·25 전쟁' 같은 역사적 사건은 단 한 번인 데 비해서 $H_2 + O = H_2O$

와 같은 자연현상은 무한히 반복될 수 있다는 거죠."

"좀 더 쉽게 말하면 인문학은 가치를 탐구하는 것이고, 이에 비해 자연과학은 사실을 연구하는 학문이란다."

우리는 오늘날 학문을 인문과학, 자연과학, 사회과학, 응용과학 등으로 구분한다. 사회과학은 인문과학적 요소와 자연과학적 요소를 종합한 학문으로서 법학, 경제학, 사회학, 정치학 등이 있다. 최근에는 공학과 같은 응용과학이 학문의 주류를 이루고 있는데 응용과학은 말 그대로 종합 학문이라 할 수 있다. 학문은 궁극적으로 인간과 자연과 사회를 더 잘 앎으로써 미래 지향적인 삶을 구축하기 위한 인간의 지성적 작업으로서, 문화를 형성하는 하나의 중요한 요소이다.

과학적
사실

만일 어떤 사람이 "뉴턴◆의 중력 법칙◆은 도덕적 가치가 있다."라 거나 "아인슈타인◆의 특수상대성이론◆은 윤리적 가치가 지대하다." 라고 말한다면 그는 이상한 사람으로 취급받을 것이다. 일반적으로 자연과학은 사실을 탐구하는 데 비해 인문학은 대상의 의미와 가치 를 탐구한다.

다음과 같은 진아와 엄마의 대화를 들어 보자.

"진아야, 요새도 철학책 읽니?"

"네, 엄마. 매일 수학, 생물, 물리 같은 공부에만 매달리니까 가끔 은 머리를 좀 식혀야 하잖아요?"

"머리 식히려고 철학책 읽는다는 애는 너밖에 없겠다."

"엄마, 자연과학이나 철학이나 다 재미있어요. 안 그래요?"

"재미라……. 글쎄, 어떤 점이 그렇게 재미있다는 건지 궁금하구나."

"엄마, 사실과 가치를 구분하지 못하면 어떤 상황이나 일에 부딪혔을 때 혼란스럽잖아요."

"느닷없이 무슨 말을 하려는 건지 원……."

"저 나름대로 이 책, 저 책 읽다가 깨우친 건데요, 이건 정말 중요한 거 같아요."

"알았어. 이제 뜸 그만 들이고 본론으로 들어가 봐."

"그러니까 심리학과 철학이 다 같이 인간의 의식을 연구한다고 할 때 심리학과 철학은 둘 다 똑같은 입장에서 의식을 연구할까요, 아니면 서로 다른 입장에서 연구할까요?"

"비슷한 입장에서 하는 거 아닐까? 심리학이나 철학이나 인문학이니까 말이야, 아니니?"

"저도 그렇게 생각했었어요. 그런데 더 자세히 공부해 보니 좀 다르더라고요. 원래 심리학은 철학에 속한 학문이었어요. 그러다 17세기 영국의 연상심리학*을 비롯해서 나중에 19세기 독일의 형태심리학*이 철학에서 독립하게 되었고, 현대에 들어와서 심리학은 자연과학의 방법론을 도입하면서 다분히 자연과학적인 성격을 띠게 되었대요."

"그래? 엄마는 심리학도 철학처럼 인문학인 줄 알았구나. 그런데 심리학과 철학이 인간의 의식을 어떻게 다르게 연구하는지 궁금하구나. 우리 똑똑한 진아가 설명 좀 해 줄래?"

"엄마, 자연과학은 사물이나 사태의 객관적 사실을 기술(記述)한다는 거 아시죠? 그리고 인문학은 사물이나 사태의 의미와 가치를 설명한다는 것도 말이에요."

"그건 엄마도 알지. 그러니까 네 말은, 심리학은 인간 의식의 사실을 있는 그대로 연구하는 학문이고, 철학은 인간 의식의 의미와 가치를 탐구하는 학문이다, 이 말이구나. 아무리 내 딸이지만 어쩌면 이렇게 징그럽게 똑똑하니!"

"이상한 소리 좀 그만 하세요. 심리학은 인간의 행동이라는 사실을 탐구해요. 여기에서 '행동'이란 의식, 감정, 의지, 성격 등이 모두 포함된 거예요. 그러니까 우리가 외부의 위험을 인지하거나 또는 연인과 함께 있을 때 행복을 의식하는 경우 심리학에서는 위험을 인

연상심리학
연합의 원리를 특히 중시하고, 심적 활동이 그것에 의해 형성된다고 주장하는 심리학의 한 분야로 '연합심리학'이라고도 한다.

형태심리학
심리학의 전통에서 주류파였던 연합주의의 요소관에 대립하여 심리학의 전체관·형태성을 중시하는 입장의 심리학설로 '게슈탈트 심리학'이라고도 한다.

지하는 과정 또는 연인으로 인한 행복을 의식하는 과정을 연구하는데, 이 과정들은 객관적인 사실인 거죠."

"그렇다면 인지나 의식의 의미와 가치를 탐구하는 것은 바로 철학이다, 이 말이지? 그런데 철학자들이 심리학적인 인지 과정이나 의식 과정을 모르면서 인지나 의식의 의미와 가치를 어떻게 연구할 수 있다는 거지? 그게 좀 의문이구나."

"조금 더 생각해 보니, 이런 거 같아요. 인지 과정과 의식 과정의 사실은 심리학자들이 연구하고, 철학자는 심리학자가 연구한 결과를 가지고 평가할 수 있는 거죠."

"축구나 야구 선수가 아니라도 그들의 실력을 평가할 수 있는 것처럼?"

"그렇죠. 그런데 사물이나 사태의 의미와 가치도 만만치가 않아요. 특히 가치는 더 그런 것 같아요."

"가치는 단순하지 않니? 도덕적 가치나 윤리적 가치 말고 또 무슨 다른 가치가 있다는 거야?"

"그래서 인문학, 인문학 중에서도 특히 철학이 중요한가 봐요. 우리는 보통 가치라고 하면 도덕적 내지 윤리적 가치만 생각하기 쉬운데, 가치에는 앎의 가치, 곧 인식론적 가치도 있고 미적 가치도 있어요."

"이렇게 진지하게 이야기하는 모습을 보고 있으니까 우리 진아가 위대한 철학자로 보이는구나! 얘기 재미있었다. 오늘 저녁에 아빠 손님들이 오신다고 했으니까 엄마는 이제 음식 준비를 해야겠다. 속편은 다음에 꼭 들려주렴."

위의 대화에서 알 수 있듯 철학, 역사학, 언어학 등 인문학과 달리 물리학, 화학, 생물학 등의 자연과학은 자연의 사실을 탐구하고 자연 사실에 대한 법칙을 세우려고 한다.

이미 서양에서는 중세 말기부터 자연 세계의 사물이나 사태는 철학(자연과학적인)이 탐구해야 하고 자연을 초월한 것에 관해서는 신학이 연구해야 한다는 태도가 명확하게 성립되기 시작했다. 근대 이후 철학에서 인문학과 자연과학이 떨어져 나왔고 자연과학은 자연의 사실을 탐구하는 학문으로, 인문학은 자연적·역사적(문화적) 사실의 의미와 가치를 연구하는 학문으로 자리매김하게 되었다.

철학을 구성하는 요소는 형이상학, 인식론, 윤리학, 미학, 논리학 등이다. 하지만 '철학은 윤리에서 시작해 윤리로 끝난다.'는 말이 있는 것처럼 인간의 실천적 행동에 직접 연관되는 분야는 윤리학이다. 윤리학은 인간 행동의 의미와 가치를 탐구하는 철학의 한 분야이다. 만일 우리가 사실과 가치를 혼동한다면 우리는 문화의 발전에서 역행하게 될 것이다.

인식론적 가치

앎은 참과 거짓을 가리는 것이고, 아름다움의 가치는 미(美), 추(醜)에 관한 것이며, 도덕적 가치는 선, 악과 관련된 것이다. 다시 말해서 인식론적 가치는 참다움을 추구해 그릇됨을 가려내는 데 있고, 미적 가치는 추함을 떠나 아름다움을 추구하는 데 있으며, 도덕적 가치는 악을 멀리하고 선을 행하는 데 있다.

어느 일요일 오후 민철이는 아버지와 단둘이 집에 있었다.

"민철아, 동생과 엄마가 오랜만에 영화 보러 나가니까 집안이 조용하구나. 책 읽기 딱 좋은 기회다. 아빠는 읽다 만 책 좀 읽어야겠다."

"아빠, 아직도 『순수이성 비판』을 읽으시는 거예요? 저는 몇 번 읽어 보려고 했지만 너무 어렵더라고요. 아빠는 철학 전공자도 아니신데 대단하세요."

"민철아, 인식론의 가치가 어디에 있는지 아니?"

"그야 물론 앎에 있죠."

"그 대답은 동의어(同義語)◆ 반복이란다. '앎의 가치가 어디에 있느냐'고 물으니까 '앎에 있다'고 대답한 셈이란 말이지. 한 마디로 말해서 인식론의 가치는 참다움을 아는 데 있는 거야. 그러니까 인식론은 참과 거짓을 구분하고 아는 인간의 능력에 관한 이론인 셈이지."

"저도 칸트의 저서를 직접 읽지는 않았지만, 칸트는 종합적인 입장에서 인식론을 전개했다고 알고 있어요. 아빠가 읽으시는 『순수이성비판』에서 칸트는 인간의 인식 능력이 어떤 것들이고 그것들의 성격은 어떤지 그리고 인식의 한계는 어디까지인지를 치밀하게 연구하고 정리한 거 맞죠? 사실 더 자세히는 몰라요. 그리고 칸트의 앎의 이론이 왜 종합적인지도 모르겠어요."

"밥벌이도 안 되는 이야기한다고 잔소리할 사람도 없으니, 우리 칸트의 인식론에 관해 이야기해 볼까? 철학사적으로 보면 서양의 중세 철학 시기는 대략 3세기부터 14세기까지니까 아주 긴 시기야. 그리고 로마 교황과 수도원이 가톨릭 신앙을 강화하고 신학을 확고하게 체계화하는 10세기부터 14세기에 이르기까지 스콜라 철학이 중심을 이루는 중세를 일컬어서 우리는 암흑시대라고 하지. 왜냐하면 이 시기에는 오로지 신에 대한 신앙만 절대적이었고, 경험적·합리적(이성적) 인식은 무시되었거든."

"아, 알겠어요. 중세 말기에 로마 교황과 신부들의 세력이 약화되었고 왕이나 자유 시민들의 힘이 점점 강해졌죠. 특히 가톨릭의 부정부패와 무능은 가톨릭 중심의 중세 사회가 붕괴되는 기초가 되었잖아요. 콜럼버스가 신대륙을 발견했고 여러 가지 과학의 발명이 이루어졌으며 종교개혁이 일어나고 문학과 미술에서 문예부흥이 일어나 소위 르네상스 시대가 열렸죠. 르네상스 시대는 암흑시대인 중세에서 인식론의 시대, 곧 근대로 향하는 전환점에 해당한다는 것을 읽은 기억이 나요."

"우리 민철이 대단하구나! 그런데 르네상스가 무엇을 뜻하는지 알고 있겠지?"

"문예부흥 아니에요?"

"더 자세히 말한다면?"

"인간의 정신을 새롭게 탄생시킨다는 뜻이요?"

"그래. 대강 맞았어. 인간은 중세라는 긴 시간 동안 그리스와 로마 시대에 누리던 구체적이고 생동하는 인간다움을 상실한 거야. 그래서 르네상스의 사상가들과 예술가들 그리고 문학가들은 그리스, 로마의 인간상을

로마교황
신부
왕
시민

다시 회복하자는 운동을 벌였는데 그것이 바로 르네상스 사상이야. 프랑스어인 '르네상스(renaissance)'는 재생, 소생, 부활 등을 의미하는데 그것은 '다시(re)'와 '태어남(naissance)'이 결합된 말이란다. 15, 16세기의 짧은 르네상스 시대를 지나면 근대 철학이 등장하는데 이 시기를 일컬어 인식론의 시대라고 하지."

"인식론의 시대는 앎의 시대죠? 근대 철학의 인식론에 대해서 좀 구체적이고도 간략하게 설명해 주시겠어요?"

"주문이 너무 까다롭구나. 어디, 그래도 한번 해볼까? 근대 철학은 한 마디로 영국 경험론과 대륙 합리론 두 가지로 나뉜단다. 베이컨, 로크, 흄 등이 경험론을 대변하고 데카르트, 스피노자, 라이프니츠 등이 합리론을 대변하는 철학자들이야. 이들 모두는 윤리학, 논리학, 형이상학 등도 각각 취급했지만 인식론을 핵심적으로 다루었어. 그래서 근대 철학의 시기를 인식론의 시대라고 한단다."

"도대체 경험론의 내용과 합리론의 내용은

뭐예요? 그러니까 각각의 입장은 어떤 앎의 이론을 내세우는 거죠?"

"간단히 말해서 경험론은 우리가 감각 경험에 의해서 사물이나 사태를 안다는 거야. 그리고 합리론은 이성에 의해서 대상을 안다는 거지. 경험론은 이성을 인정하지 않아. 반대로 합리론은 감각을 인정하지만 감각에 의한 앎은 참답지 않다고 주장하지."

"아빠, 참다움과 그릇됨은 어떻게 구분되는 거예요? 참과 거짓의 구분은 쉬운 것 같지만 막상 설명해 보라고 하면 너무 어렵더라고요."

"이 바둑판을 예로 들어 설명해 볼게. 너는 이 바둑판을 눈으로 보고 손으로 만지면서 나무로 된 네모난 판이라고 말하겠지. 그 판단은 참이야. 이 경우 우리는 진리 대응설을 이야기할 수 있어. 경험론에서 말하는 진리는 대부분 진리 대응설(또는 진리 모방설)에 의존한다.

그러나 '자연은 절대정신의 초기 전개 과정이다.'라는 입장에서 볼 때 이 말이 의미하는 진리는 진리 정합설(整合說)에 의존하지. 합리론의 진리는 대개 진리 정합설에 의존해.

칸트나 헤겔의 진리 역시 진리 정합설에 일치한다고 할 수 있어."

"아빠, 앎의 가치, 곧 인식론적 가치는 어디까지나 참다움, 즉 진리에 초점이 모아질 것 같네요. 그런데 칸트의 앎의 이론이 경험론과 합리론의 종합이라고 하는 이유는 뭐예요?"

"이런, 모처럼 칸트 책 읽을 시간 다 가 버리겠다. 그래도 민철이가 재미있어 하니까 이 이야기까지 해 볼게. 그 다음엔 아빠 책 읽을 시간 좀 줄 거지? 칸트는 인간이 원래부터 시간의 틀과 공간의 틀을 내면에 가지고 있어서 외부 대상을 이 틀에 끼워 맞춰서 우선 상(像)을 만든다고 했단다. 그래서 먼저 대상에 대한 표상(表像)이 생긴다는 거야. 쉽게 말하자면 대상에 대한 인상이 생기는 거지. 표상은 대상이 아직 무엇이라고 확실하게 규정되기 이전의 모습일 뿐이야. 여기까지는 경험론의 입장을 취하지.

그 다음에 칸트는 인간이 또 원래부터 오성형식(悟性形式), 곧 계산하고 분별하며 이해하는 형식(범주들)을 가지고 있어서 이 형식으로 표상을 능동적으로 붙잡음으로써 개념을 만든다고 했단다. 예컨대 네가 시간의 틀과 공간의 틀(감성의 틀 또는 감성 형식)에 의해서 네모난 책상의 표상을 먼저 만들고 나서, 그 다음에 오성의 틀로 '네모난 나무판'의 표상을 붙잡으면 그때 '하나의 책상'이라는 개념이 생기면서 앎이 완성된다는 거지. 오성의 틀이 표상을 붙잡는 작업은 바로 합리적 이성의 능력에 의한 것이니까 개념은 합리론적 산물이야. 이제 왜 칸트의 인식론이 경험론과 합리론의 종합이라고 하는지 알겠지?"

인식론적 가치는 무엇이 참다운 앎이냐 하는 데 초점을 맞춘다. 그러므로 인식론적 가치는 다양한 인식론의 입장들에 따라 변하게 마련이다. 앞의 대화에서 우리는 인식론의 대표적인 예들로서 경험론과 합리론 그리고 칸트의 인식론을 살펴볼 수 있었다. 인간은 확실한 것을 알 수 없다고 주장하는 회의론은 극단적인 경험론의 일종이다. 감각 경험이나 이성에 의해서는 참다운 것을 알 수 없고 오직 인간이 가지고 있는 직관 능력에 의해서만 대상의 참다움을 알 수 있다고 주장하는 직관주의에서 인식론적 가치는 직관적 인식의 참다움에 있다. 대표적인 직관주의자로는 베르그송◆, 쇼펜하우어 등을 들 수 있는데 대부분의 관념론 철학자들은 직관주의자의 범주에 속한다.

미적 가치

미적 가치는 한 마디로 표현하면 아름다움을 일컫는 말이다. 다음에 나오는 수빈이와 엄마의 대화를 들어 보자.

"엄마, 엄마는 치위생사인데도 그림을 아주 잘 그리고 피아노도 잘 치는 걸 보면 타고난 예술가인 것 같아. 오늘 학교 미술 시간에 선생님이 아름다움에는 자연미와 예술미가 있다면서 길게 설명하셨는데 너무 어려워서 잘 이해가 안 가. 자연미와 예술미 둘 다 아름다움이고 그게 그거 아닌가?"

"재미있는 질문이구나. 요즘 이 엄마가 미학 책이랑 예술 철학서를 좀 읽으면서 미에 대해 생각하던 참이었는데……. 산이나 들 그리고 바다나 강 또는 사람들이 아름다울 때 우리는 미적 가치가 있다고 말하잖니? 물론 그림을 보거나 음악을 듣거나 아니면 무용을 보면서도 역시 미적 가치가 있다고 말하지. 자연적 아름다움은 물론이고 예술적 아름다움도 모두 미적 가치가 있는 거야."

"나도 거기까지는 알겠어. 그런데 자연미와 예술미가 어떻게 다르냐, 이거지. 둘 다 아름다움이면 똑같은 거 아닌가?"

"수빈아, 좀 더 깊이 생각해 볼까? 자연과 예술은 서로 다르잖니? 그러니까 자연과 예술의 아름다움 역시 서로 다르단다. 아름다움이란 말은 같지만 하나는 자연의 아름다움이고 또 하나는 예술의 아름다움이야."

"아, 이제야 조금 알겠네. 자연미는 처음부터 있는 그대로의 아름다움이라는 거지? 반면 예술미는 모방의 아름다움이고 말이야. 예술미는 예술 작품의 아름다움인데 예술 작품은 창작된 것이잖아? 창작, 곧 만든다는 것은 외적으로든 아니면 내적으로든 원래의 어떤 형태를 본떠 만드는 거니까 일종의 모방이지. 지금 막 생각났는데, 고대 그리스의 철학자가 이렇게 말했대. '예술의 특징은 모방과 모방의 즐거움에 있다.'라고 말이야."

"내가 우리 수빈이 때문에 가끔 놀란다니까! 고등학교 1학년 애가 아는 게 참 많아서 말이야. 아리스토텔레스는 『시학』에서 모방과 모방의 즐거움을 말했어. 그가 말한 모방은 분명 조화로운 모방이었을 거야. 그러니까 모방으로서의 예술적 아름다움이 형상화될 수 있는 거겠지."

“도덕적 가치는 이해하기 쉬워. 최고의 도덕적 가치는 선(善)이지. 남을 나같이 생각하고 이타적으로 행동하며 자비와 관용을 베푸는 것이 바로 선한 행동이야. 그런데 아름다움은 뭘까? 아름다움과 추함을 구분하기가 너무 애매해.”

“수빈아, 나도 아름다움이 뭔지 참 많이 고민했단다. 우선 인간에게 예술적 감정이 있다는 데는 동의하지? 예술적 감정에서 중요한 것은 쾌감과 불쾌감이야. 조화로운 대상을 대하면 쾌감을 느끼고 그렇지 않으면 불쾌한 것이 인간 아니겠어? 그렇다면 쾌감을 느끼게 하는 것은 아름다움이고 그렇지 않은 것은 당연히 추함이겠지.”

“엄마의 설명을 들으니까 아름다움이 과연 뭔지 조금은 와 닿는 것 같아. 엄마, 이런 말이 생각나. 미학은 자연적인 미의 대상이 아니라 오히려 예술 작품에 초점을 맞춰서 예술적 표현은 무엇이고, 예술 작품의 진리는 어떤 것이며, 예술 작품을 훌륭하게 만드는 것은 무엇이고, 보편적 예술의 정의는 존재하는지 등을 탐구하는 학문이라고 말이야. 그 외에도 미학은 미적 체험과 미적 가치를 연구한대.”

“수빈이가 엄마보다 많이 아는 것도 있네. 그래, 네 말이 맞아. 하지만 예술을 이론적으로 연구하자면 한도 끝도 없단다. 서양에는 대학에 예술사학과(藝術史學科)가 있어서 예술 전반에 걸친 역사적 연구를 한단다.

우리는 대상에 대한 미적 태도와 실용적 태도를 구분함으로써 아름다움을 설명할 수 있어. 만일 어떤 사람이 산과 들을 바라보면서 산과 들에 어떤 아파트를 얼마만큼 지어서 팔면 돈이 얼마나 남을까를 따진다면, 그 사람은 실용적 태도로 산과 들을 바라보는 거야. 그런가 하면 대상을 대할 때 아무런 수단이나 목적을 생각하지 않고 대상 자체를 지각하면 대상 자체를 지각하는 체험을 할 수 있는데 이 경우의 체험은 아름다움의 체험이야."

"아, 그래서 예술의 순수성이나 상업성이 문제가 되는구나. 원래 예술이란 아름다움을 궁극 목적으로 삼아야 하는데, 만일 어떤 화가가 돈 벌기에 급급해서 그림을 그린다면 그것은 예술성보다 상업성에 치우친다는 거지? 마찬가지로 어떤 작가가 아름다움, 곧 예술성을 목적으로 소설을 써야 하는데 성욕을 부추기는 음란함에만 치우쳐서 외설적인 소설을 쓴다면 그런 것은 예술성을 상실하고 음란물로 전락한다는 거고?"

"대체로 그렇다고 봐야 할 것 같구나. 예술성은 주로 아름다움을 내용으로 하지만 어느 경우든 예술 작품은 대체로 상업성, 사회성, 음란성 등을 어느 정도 포함할 수도 있단다. 예컨대 『보바리 부인』*과 같은 소설은 성적 표현이 강하지만 훌륭하고 아름다운 소설이란다. 또 미국의 추리 소설 작가 에드거 앨런 포*의 단편소설들은 대부분 밥벌이를 목적으로 쓴 것인데도 뛰어난 아름다움을 갖추고 있단다."

"나도 최근에 어떤 철학 개론서를 읽으면서

『보바리부인』
프랑스의 작가 구스타브 플로베르의 장편소설. 엄격한 문체상의 연마와 긴밀한 구성으로 프랑스 사실주의 소설의 첫 걸작으로 꼽힌다.

에드거 앨런 포
(1809~1849)
19세기 최대의 독창가로 꼽히는 미국의 시인·소설가·비평가

미적 태도와 이것에 대립되는 비(非)미적 태도를 살펴봤어. 미적 태도에 대립되는 비미적 태도들로서는 인지적(認知的) 태도, 도덕적 태도, 실용적 태도 등이 있는데 여기에서 말하는 태도는 가치로 봐도 될 것 같아."

"오늘 우리 수빈이가 엄마랑 호흡이 척척 맞는구나. 그래, 어떤 건물이 있을 때 이 건물 자체를 지각 체험하는 것이 바로 미적 태도인데 이것은 아름다움에 가치를 둔 태도야. 그런데 건물을 건축사 측면에서 보거나 건축 공학적 관점에서 분석한다면 그것은 바로 인지적 태도야. 또 그림이나 소설을 그 자체로 감상하는 것은 미적 태도이지만 오직 도덕적 태도만 가지고 그림이나 소설을 대하면 그것은 비미적 태도인 거지."

"엄마, 대상 자체에 관한 지각 체험이 쾌감을 자아내고 아름다움을 발생시킨다는데 그게 무슨 말이야?"

"아주 중요한 질문을 했구나. 우리는 예술을 크게 공간 예술, 시간 예술, 의미 예술로 나누는데 그것들은 각각 미술과 음악과 문학이야. 연극이나 영화 그리고 뮤지컬 등은 종합예술에 속한단다. 또 미술은 시각 예술, 음악은 청각 예술, 문학은 시각과 청각을 종합한 의미 예술이야. 미술은 공간적인 점, 선, 평면, 입체들과 색깔들의 결합이고 음악은 음들의 결합이란다. 시각은 무수히 많은 색깔들을 결합한 조화, 곧 아름다움을 체험할 수 있고 청각은 또 무한한 음들의 결합, 곧 조화를 체험할 수 있단다. 촉각, 미각, 후각 등은 비교적 단순해서 무수한 요소들의 결합이나 조화를 산출할 수도 없고, 체험할 수도 없

어. 그러니 촉각 예술이나 미각 예술 또는 후각 예술이란 것은 있을
수 없지."

"과연 환상적인 설명이야. 그러니까 시각의 아름다움은 미술의 아
름다움이고, 청각의 아름다움은 음악의 아름다움이며, 시각과 청각
을 종합한 아름다움은 문학의 아름다움이고 더 나아가 연극이나 영
화의 아름다움이라고 할 수 있겠구나!"

예술은 도덕, 학문, 종교와 함께 문화를 형성하는 중요한 요소이
다. 알타미라 동굴의 벽화만 보더라도 고대 원시인들도 예술적 가치
를 알고 즐겼다는 것을 알 수 있다. 물론 고대인들의 예술은 오늘날
처럼 미술, 음악, 문학, 연극, 영화 등으로 세분화되지 않았다. 말하
자면 미술이 건축, 조각, 회화 등 전문적으로 구분되지도 않았다. 고
대인들의 예술은 생활과 밀접히 연관되어 있었으며 복합적이고 종합
적인 것이었다. 아프리카 원주민들이나 인디언들의 춤을 보면 그것
은 그들의 생활과 종교 의식과 긴밀히 연관된 예술적 행위임을 알 수
있다. 그렇지만 우리는 고대인들의 예술적 행위에서도 얼마든지 아
름다움이라는 예술적 가치를 발견할 수 있다.

인간에게 아름다움을 표현하면서 감상하는 예술이 없었더라면 인
간의 삶은 삭막했을 것이다. 인간은 미적 감정을 가지고 미적 체험을
축적함으로써 미적 가치를 가진 예술을 창작하고 동시에 예술을 향
유하는 존재인 것이다.

도덕적
가치

　가치를 다루는 철학을 가리켜 가치 철학이라고 할 수 있다. 가치는 크게 인식론적 가치, 미적 가치 그리고 도덕적 가치로 나눌 수 있다. 따라서 가치 철학자는 논리학자, 미학자, 윤리학자, 이 세 부류가 있을 수 있다.

　도덕적 가치에 대한 길수와 선생님의 대화를 들어 보자.

　“길수야, 토요일 오후에 그것도 늦가을에 이렇게 너와 단둘이 교정을 산책하는 게 참 오랜만이구나. 그런데 말이야, 요새 나는 통 잠을 잘 이룰 수가 없단다. 내가 윤리 선생님이라 더 그런지는 몰라도 각종 살인 사건, 강도상해 사건, 성폭력 사건 등이 하루도 그치지 않고 신문지상을 장식하는 걸 보면 정말 도덕이 땅에 떨어졌다는 생각이 드는구나."

"저도 그래요, 선생님. 결국 가치관의 혼돈이나 부재 때문에 그런 것 아닐까요?"

"그래, 맞아! 가치에는 미적 가치, 인식론적(논리적) 가치 그리고 도덕적(윤리적) 가치가 있지만 뭐니 뭐니 해도 도덕적 가치가 제일 중요하지. 어쩌다 머리 하얀 할머니, 할아버지에게 마구 소리 지르는 젊은이들을 보게 되었는데, 딱 '짐승만도 못한' 녀석들이라는 소리가 나오더구나. 개나 소 같은 짐승들은 어릴 때는 자식과 부모 사이가 끔찍하지만 다 크고 나면 부모 자식 관계가 아예 끊기고 말지. 그래서 도덕적 가치를 모르는 사람을 가리켜 '짐승 같은 인간'이라고 하는 거야."

"선생님, 도덕적 가치는 선(善)이나 의무 그리고 자유와 평등 같은 거죠? 그런데 도덕적 가치의 특징은 뭐예요?"

"그래, 길수가 말한 것들이 도덕적 가치에 속해. 또 책임이나 정의도 도덕적 가치에 속한다고 봐야겠지. 도덕적 가치는 방금 말한 여러 가지가 있지만 그것들은 모두 '사람으로서 당연히 지켜야 할 도리'란다. 그럼 도덕적 가치가 무엇인지 확실히 알 수 있겠지? 다 생각하기 나름이란다. 어떤 문제든 복잡하게 생각하면 한이 없어. 가능한 한 단순하게 생각하면 의외로 쉬운 경우가 많단다."

"선생님, 도덕적 가치를 연구하는 학문을 일컬어 윤리학이라고 하잖아요? 사람들은 도덕과 윤리를 같은 의미로 사용하는 것 같아요.

그런데 윤리학에 관해 좀 더 자세히 설명해 주실 수 있을까요? 윤리학은 인간의 행동을 연구하는 학문이라고 하는 걸 읽은 적이 있는데 그렇다면 법학이나 정치학, 경제학 등은 윤리학과 별 다를 게 없잖아요?"

"네 말도 일리가 있지만 방향이 조금 빗나간 것 같구나. 대부분의 인문학이나 사회과학은 인간의 행동을 연구한단다. 그런데 행동의 어떤 부분을 연구하느냐에 따라서 윤리학이 되거나 법학이나 경제학이 되는 거야. 인간 행동의 옳고 그름을 비롯해서 자유, 책임, 의무, 정의 등을 연구하는 학문이 윤리학이야. 그렇게 보면 법학, 정치학, 경제학 등도 넓은 의미에서는 윤리학의 범주에 들지. 사실 근대 초기까지만 해도 법학, 경제학, 정치학 등은 윤리학에 속해 있었어. 그런데 법만 연구하는 학문은 법학으로 그리고 정치적 행동만을 다루는 것은 정치학으로 또 경제적 행동만을 취급하는 것은 경제학으로 독립하게 된 거지."

"어떤 책을 보니까 모든 동물의 움직임을 일컬어서 행동이라고 하고 인간의 윤리적 행동은 이와 달리 '행위'라고 하더라고요. 정상적인 인간은 자신의 행동을 비판적·선택적으로 통제할 수 있는데 이때의 행동을 행위라고 한다는 거죠."

"음……. 나도 읽은 기억이 나는구나. 행동이나 행위는 큰 차이가 없어. 네가 말한 것처럼 비판하고 선택하면서 자신의 행동을 통제할 수 있는 것이 정상인의 태도이지. 윤리학이란 그와 같은 행동(행위)의 옳고 그름의 기준이 무엇인지를 연구하는 학문이라고 할 수 있단다."

"윤리학에도 여러 경향이 있고 그 경향에 따라 도덕적 가치에 대한 입장도 다르다면서요?"

"그렇긴 한데 간단한 문제가 아니란다. 윤리학이 무엇이며, 옳고 그름이 무엇인지를 알려면 윤리학을 자연과학과 비교해 보는 게 매우 유용하단다. 자연과학은 있는 사실을 관찰하고 실험함으로써 자연법칙을 기술하지만, 윤리학은 당연히 해야 할 행위, 곧 당위(當爲)의 규범을 설명하고 또한 당위를 규정해야 해. 따라서 윤리학은 가치 규범적 내지 가치 규정적 학문이라고 할 수 있어."

"그렇군요. 선생님, 그러면 윤리학의 종류에는 어떤 것들이 있나요?"

"글쎄, 고등학생인 네게는 쉬운 주제가 아니다만, 질문을 했으니 아주 간단히 정리해 보마. 크게 윤리학은 고전 윤리학과 메타 윤리학으로 나뉜단다. 고전 윤리학은 우리가 알고 있는 규범 윤리학이야. 즉 옳고 그름의 가치를 취급하지. 그런데 옳고 그름, 선과 악, 자유나 의무 그리고 정의 등이 과연 학문의 대상이 될 수 있는지 그 여부를 논하는 것이 메타 윤리학이야. '메타'는 초월한다는 의미로 사용되니까 메타 윤리학은 윤리학을 초월하는 학문이라는 뜻이야. 그러니까 우리가 알고 있는 윤리학과는 전혀 다른 것이지.

그건 그렇고 고전 윤리학은 입장에 따라서 형이상학적 윤리학, 자연주의적 윤리학 및 직관적 윤리학, 이렇게 크게 세 부류로 나뉜단다. 형이상학적 윤리학은 대부분의 종교적 윤리나 관념론 철학자들의 윤리처럼 옳고 그름에 형이상학적인 근거가 있다고 주장하지. 예컨대 기독교에서 선의 근거는 전지전능한 신이고, 플라톤에서 선의 근거는 선의 이데아야. 그런가 하면 자연주의 윤리학은 도덕적 가치는 자연적 관습에 의해 생긴다고 보는데 이 입장을 대변하는 것은 공리주의라고 할 수 있지. 즉 선이나 악은 자연적인 관습의 산물이라는 거야. 직관적 윤리설은 도덕적 가치란 직관의 대상이라고 주장하는 입장이란다. 예컨대 칸트 같은 철학자는 도덕 법칙이란 형이상학적이거나 경험적(자연적)인 것이 아니라 직관에 의해서 곧장 인간에게 알려지는 것이라고 말하지."

"좀 어렵긴 하지만 그래도 대강은 이해가 되네요. 결국 우리가 어떤 도덕 가치를 주장하고 실천적으로 실행하느냐에 따라서 사회는 열린사회, 닫힌사회도 될 수 있다는 것 아닌가요? 그렇다면 인간을 가리켜서 '도덕적 가치'의 존재라고 해도 되겠네요?"

"아무렴. 크게 말하자면, 인간이란 가치를 추구하는 존재이고 좁혀서 말하자면, 인간은 도덕적 가치를 추구하는 존재인 셈이지."

그렇다. 인간은 문화의 창조자이자 창조의 산물이므로 문화 안에서 부단히 도덕적 가치를 체험한다. 도덕적 가치의 체험은 닫힌도덕을 열린도덕으로 진전시킬 때 긍정적인 의미가 있다. 현재까지 우리는 도덕적 가치는 개인뿐만 아니라 사회에도 인간 존재를 위한 가장 중요한 의미를 가진다고 생각할 수 있다. 이와 같은 사실은 민주주의의 실현으로 증명된다. 프랑스혁명의 표어인 자유, 평등, 박애와 아울러 링컨의 '국민의, 국민에 의한, 국민의 정부'는 민주주의 실현에서 우리가 직접 접할 수 있는 최상의 도덕적 가치들이다.

사실과 가치의 탐구

　우리는 자연과 문화를 구분한다. 자연은 말 그대로 인간의 손길이 닿지 않은 사물이나 사태를 가리키고, 문화는 인간이 만들고 가꾼 업적을 의미한다. 학자에 따라서는 문화와 문명을 같은 의미로 사용하기도 하지만, 문화는 인간의 정신적 업적으로 문명은 인간의 물질적 업적으로 보기도 한다. 최근 우리는 주변에서 '음식 문화', '자동차 문화', '도자기 문화'라는 말을 흔히 들을 수 있는데 이런 말을 사용하는 사람들은 문명과 문화를 동일한 의미에서 사용하는 것이다. 이렇듯 문화와 문명이 동일한 의미에서 사용되었을 때 문화는 문명을 포함한 넓은 의미의 개념으로 볼 수 있다.

　하지만 세분화해서 구분하자면, 사실은 '자연의 사실'을 말하는 것이고 가치는 '문화의 가치'를 가리키는 것이다.

여기에서 사실과 가치에 대한 혜연이와 진아의 대화를 들어보자.

"진아야, 사람들이 사실과 가치를 전적으로 다른 것으로 보는데 나는 그 반대야. 사실이나 가치나 뭐가 다른지 모르겠어. 우리는 사실의 가치를 말할 수 있고, 그런가 하면 가치라는 사실도 이야기할 수 있어. 사실과 가치를 구분하면 사실은 가치가 전혀 없고 또 가치는 사실과 무관하다는 거 아냐?"

"네 말도 일리가 있기는 하지만 아무래도 궤변 같이 들리는데, 왜냐고? 사실은 사실이고 가치는 가치니까 말이야. 예컨대 여기에 있는 두 개의 돌멩이는 사실이지 가치는 아니야. 그리고 행동의 자유나 선함은 자연적 사실이 아니라 어디까지나 윤리적 가치 아니겠어?"

"역시, 진아 네 별명이 똑똑이인 이유가 있구나. 내 별명이 어리버리인 이유도 알겠고 말이야."

"혜연이 네가 왜 어리버리니? 너, 알면서도 모르는 척한다는 거 다 알아."

"아무튼 네 말을 들으니까 사실은 사실이고 가치는 가치라는 걸 알겠어. 그러니까 자연의 사물이나 사태는 사실이고 또 도덕적 덕목들, 예컨대 자유나 정의 그리고 선과 의무 등은 모두 도덕적 가치라는 거지?"

"그래. 네 말처럼 '사실의 가치'라는 말도 있고 '가치의 사실'이라는 말도 있긴 해. 그런데 잘 생각해 봐. '사실'과 '사실의 가치'는 뜻이 달라. 여기에 밥 한 그릇이 있다고 할 때 밥 한 그릇은 어디까지나 사실이야. 그러나 밥 한 그릇이 허기진 사람을 배부르게 할 경우에 우리는 밥 한 그릇의 가치를 이야기할 수 있어. 그런데 이때 '가치의 사실'이라는 말은 성립하지 않아. 왜냐고? 가치는 어디까지나 가치지 사실이 아니니까 말이야. '가치의 사실'이라는 말도 가능한 경우가 있긴 한데, 예컨대 '나는 직업을 자유롭게 선택했다.'라는 말의 내용은 가치지만 그렇게 한 행동은 사실이므로 이 경우 '가치의 사실'이 언급되었다고 할 수 있을 것 같아."

우리는 이론적 탐구 영역을 일컬어 학문이라고 한다. 이 중 자연적 사실을 탐구하는 학문은 자연과학이다. 그런가 하면 가치를 탐구하는 학문들은 어떤 가치를 탐구하느냐에 따라 크게 세 가지로 구분된다. 논리적 가치를 탐구하는 학문은 논리학이고, 미적 가치를 탐구하는 학문은 미학이며, 도덕적(윤리적) 가치를 탐구하는 학문은 윤리학이다. 논리적 가치는 넓게 볼 때 인식론적 가치고 인식론적 가치는 실상 철학 그리고 대부분의 인문학이 공통적으로 탐구하고 있다.

문화 안에서 우리가 사실과 가치를 혼동한다면 우리는 질서 있고 조화로운 문화를 발전시킬 수 없을 것이다. 인간은 다른 동물들과 달리 어디까지나 도덕적인 존재이다. 따라서 우리가 가치 지향적인 삶의 태도로 사실을 정리 정돈하면서 문명의 발달을 기획할 때 인간은 개방된 삶과 사회를 만들 수 있을 것이다.

생각해 볼 문제

1. 문화에서 학문의 위상은 어떤지 그리고 학문은 어떻게 인문학, 자연과학, 사회과학, 종합과학(응용학문) 등으로 구분되는지 이야기해 보자.

2. 자연과학은 어떤 방법론을 사용하여 과학적 사실을 탐구하는지 말해 보자.

3. 논리적 가치나 인식론적 가치는 과학적 사실과 어떻게 다른가? 인문학은 어떤 방법론으로 인식론적 가치를 연구하는가?

4. 미학의 특징을 말해 보자. 예술 작품의 미적 가치는 무엇을 의미하는가?

5. 우리는 '도덕적 가치의 혼란'이라든가 '도덕적 가치의 부재'라는 말을 자주 듣는다. 가까운 주변에서 도덕적 가치가 혼란한 예를 들어 보고 그것을 바로잡을 방법을 제시해 보자.

6. 자연적 사실과 문화적 가치의 관계는 매우 긴밀하다. 이 둘의 관계에 대해 의견을 말해 보자.

예술 작품의 아름다움은 도덕적 가치와는 무관하다고 주장하는 사람들이 있다. 그러나 진, 선, 미는 하나라는 말이 있듯, 아름다움은 참답고 선할 때 진정 아름다울 수 있다. 인간은 어디까지나 사회적인 존재이고 따라서 인간의 아름다움이나 예술의 아름다움은 사회적인 것일 수밖에 없다. 도덕적 가치를 배제한 아름다움은 인간의 아름다움이나 예술의 아름다움일 수 없다.

4장

아름다움과 도덕적 가치

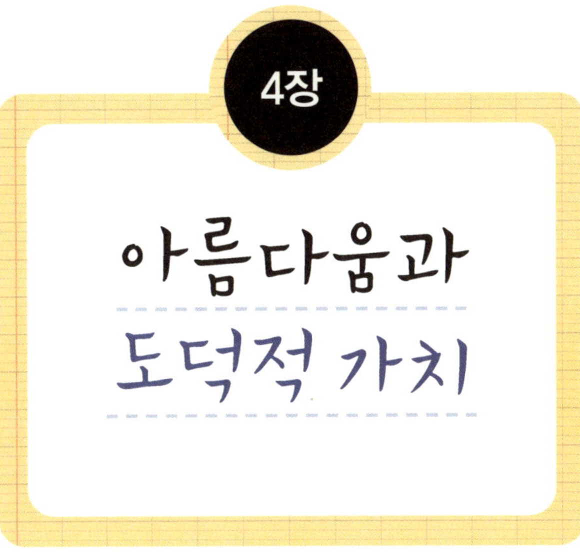

성형 수술은 왜 하는 걸까

　얼마 전까지만 해도 성형 수술은 남몰래 하는 것이었다. 그러나 요새는 '성형 미인'이라는 말이 흔한 데다 성형해야 자신감을 가질 수 있다는 말까지 떠돈다. 여름 방학이나 겨울 방학이 되면 강남의 성형외과 의사들은 그야말로 눈코 뜰 새 없이 바쁘다. 여고생, 여대생, 아주머니, 할머니 들로 성형외과는 북새통을 이룬다. 최근에는 청년들과 중장년 남성들도 성형외과를 많이 찾는다고 한다.

　식욕, 성욕, 갈증에 대한 욕망을 본능적인 3대 욕망이라고 하는데 아름다움에 대한 인간의 욕망 역시 3대 욕망에 못지않게 강한 것 같다. 그래서인지 이에 관한 우스갯소리가 떠돈다.

　이 세상에서 제일 잘생긴 청년이 세상에서 제일 아름다운 미녀를 만났는데 서로 한눈에 반해서 곧바로 결혼했다. 1년 후에 아기를 낳았는데, 세상에서 제일 못생긴 아기였던 것이다. 얼굴은 물론 온몸을 고친 성형 미인이 남편에게 "당신 얼굴 다 성형 수술한 거지? 얘는 분명 당신 본모습을 닮은 거야!"라고 소리쳤다. 그러자 남편도 아내를 향해 "당신도 다 뜯어 고친 거였군. 얘가 원래의 당신도 닮았으니까 저렇게 생긴 거야!"라고 맞받아쳤다.

그런데 우리나라 사람들은 왜 다른 나라 사람들보다도 외모에 그토록 집착하는 것일까? 많은 여성들이 성형 수술 후 외모에 자신감을 가지게 되었고 사회생활을 하는 데도 적극적이 되었다고 말한다. 배우와 가수 등 많은 연예인들이 쌍꺼풀 수술, 코 수술 등을 한 것으로 알려졌다. 꽤 많은 피부과에서도 지방 제거나 흡입술, 보톡스 주사 등으로 미인을 만들며 심지어 한의원에서도 비만 치료 등을 선전하고 있다. 미남, 미녀가 되고 싶은 사람들의 욕망과 그 욕망을 충족시켜 줌으로써 돈벌이라는 자신들의 욕망을 충족하려는 병·의원들의 이해관계가 맞물려서 우리 사회는 그야말로 성형 수술 열풍의 시대를 맞았다.

지수네 식구들의 성형 수술에 대한 대화를 들어 보자.

"엄마 아빠, 우리나라는 성형 수술의 천국인 것 같아. 지하철 타고 가면서 여자들을 자세히 살펴보면 쌍꺼풀 수술은 기본이라니까. 외모만 보고 사람을 평가하는 사회 풍조가 지금의 성형 천국을 만든 거 같아. 오빠는 대학생으로서 성형에 대해 어떻게 생각해?"

갑작스런 지수의 이야기에 엄마와 아빠는 웃기만 했고 오빠 태수는 머리를 긁적이며 말했다.

"고등학교 1학년짜리가 그런 말을 하다니 너 다 컸구나. 나는 전공이 항공학과여서 그런지 성형에 대해 별로 생각해 보지 않았어. 게다가 남들이 성형 수술을 하든 말든 나랑 별 상관없잖아. 성형 수술을 하는 사람들은 해야 속이 시원하고 사는 데 도움이 된다고 생각하니까 하는 거 아니겠어?"

"에그, 누가 공대생 아니랄까 봐……. 그래도 한번 생각해 봐. 무조건 나랑 상관없는 일이라고 말하지 말고. 게다가 사회의 일은 직접이든 간접이든 나와 다 관계가 있다고. 엄마 아빠, 안 그래요?"

"지수야, 아빠는 성형 수술을 무조건 나쁘게만 보지 않는단다. 보통 사람들은 다 현재의 지금보다 잘생겼으면 하고 바라는 게 사실이잖아. 지수 너도 지금보다 키가 3센티미터만 더 컸으면, 볼에 살이 좀 붙었으면, 하고 자주 말하잖아."

"그거야 단지 희망 사항이라는 거고, 내가 그렇게 말한다고 해서 성형 수술을 해서 볼을 통통하게 하거나 키를 키울 생각은 꿈에도 하지 않아. 나는 부모님이 물려주신 이 몸을 그대로 온전하게 보존할 생각이니까. 특별히 불편한 게 있거나 아픈 것도 아닌데, 시간과 돈 버리고 수술의 고통까지 참아 가면서 성형 수술을 하다니……. 참으로 멍청한 짓이라고."

"지수야, 그렇게 발끈하지 말고 아빠 말을 더 들어 보자. 엄마는 아빠 이야기를 더 들어 보고 싶어."

"아빠는 지수가 생각이 건강한 학생이어서 얼마나 대견한지 모른단다. 아빠도 성형 수술에 대해 지수처럼 생각했었어. 그러다가 나이 들고 직장에 다니면서 의사 친구들도 가끔 만나니까 생각이 여러 모로 바뀌더구나. 또 성형외과의 변천사에 대해서도 알게 되었지. 원래 성형외과는 선천적인 기형이나 심한 사고로 다친 사람들의 얼굴과 신체 기능을 온전하게 만들어 주기 위한 것이었단다. 요새도 교통사고로 심하게 다친 환자는 성형외과에서 수술해. 그러던 것이 후기 자본주의 시대에 들어서서 사회의 생존 경쟁이 치열해지고 황금만능주

의가 지배하면서 소위 미용을 위한 성형 수술이 유행하기 시작한 거
야. 현대 사회는 대중 사회야. 대중 사회에서 사람들은 자신의 개성
보다는 대중적 잣대를 도덕적 가치의 기준으로 착각하기 쉽단다. 아
름다움도 개성적 아름다움보다는 대중적 아름다움이 인간을 지배하
게 되었어. 특히 우리나라에서는 매 순간의 힘이 중요하기 때문에 표
면적인 외모지상주의가 판을 치게 된 거야."

"그러니까 사실은 아름다움을 제대로 갖추려면 내면적 아름다움과
함께 외적 아름다움을 가져야 한다는 거지? 그리고 아름다움도 어디
까지나 사회성을 벗어날 수 없기 때문에 도덕적 가치와도 밀접한 관
계를 가질 수밖에 없다는 거고."

미용을 위한 성형 수술이 성행하는 것은 외모지상주의 때문이다.
인간이 외모에만 신경을 쓰다 보면 자신의 사람됨, 곧 인격에 관해서
는 소홀해질 수밖에 없다.

우리의 외모지상주의는 매우 일그러진 양상을 띠고 있다. 성형 수
술을 하는 사람들은 대부분 서양인의 모습을 닮고 싶어한다. 얼굴이
나 인체는 민족마다 특징이 있는데도 무조건 그들을 모델로 삼아 닮
아 가려고 하는 것은 정신적으로 병든 상태와 다름없다. 질병이나 선
천적인 기형 때문에 사회생활이 곤란할 경우와 외모 때문에 정신 질
환이 생기는 경우를 제외하고는 성형 수술을 할 필요가 없다는 가치
의식이 하루 빨리 사회 전반에 확산되어야 한다. 그래야만 사회 구성
원들이 주체적인 삶을 영위할 수 있다.

예술과 외설의 차이

예술 작품과 도덕적 가치의 관계는 특히 현대에 들어와서 수없이 많은 논란을 불러일으켰다. 소위 탐미주의자(유미주의자)는 '예술을 위한 예술'을 주장하면서 예술미는 순수한 것이기 때문에 어떤 것과도 연관을 짓지 않아야 한다고 주장했다. 그러나 아도르노와 같은 철학자는 예술은 어디까지나 사회적 사실이라고 말했다. 히틀러의 나치 정부는 예술을 정치적으로 이용했다. 히틀러는 아리안족의 우수성을 선전하는 데 문학 작품을 이용했으며 또한 독일 민족의 용감한 기백을 찬양하는 영화의 제작을 지원하기도 했다.

현대에 들어와서는 예술 작품의 상업성과 선정성(煽情性)이 큰 사회문제로 대두되었다. 그림 창작은 물론이거니와 음악 연주 등도 예술미보다는 오히려 돈벌이를 궁극 목적으로 삼는 경우가 많다. 무엇보다도 종합예술이라고 하는 영화는 상업성을 빼면 제작을 생각할 수 없을 정도이다. 과연 영화는 예술 작품인가 아니면 경제적 상품인가 하는 물음 앞에서 우리는 어느 한쪽의 손을 들어 주기 힘들게 되었다. 소설과 영화에서는 선정성, 다시 말해서 외설과 음란성이 항상 문제시되고 있다.

민철과 선생님의 대화를 들어 보자.

"선생님, 저는 예술에 대해 평소 심각하게 생각한 적이 없어요. 그런데 오늘 예술적 아름다움은 도덕적 가치와 무관할 수 없다는 선생님의 말씀을 듣고 여러 가지 생각이 들었어요."

"그래, 어떤 생각이 들었니?"

"현대 예술은 지나치게 상업성과 선정성에 물들어 있다고 하셨는데 저도 그 말씀에 전적으로 동감해요. 미술, 음악, 문학 그리고 종합예술인 연극, 오페라, 뮤지컬, 영화 등은 근본적으로는 예술미의 창작과 표현을 목적으로 삼지만 사회적인 것은 사실이죠. 제 생각에는 모든 장르의 예술들이 기본적으로는 예술미를 목적으로 삼고 부차적으로 상업성과 선정성을 적절하게 가져야만 생명력 있는 예술로 남을 수 있을 것 같아요."

"민철이 말이 맞아. 예술이라는 이름만 걸

친 채 오로지 상업성과 선정성을 노리는 것이 큰 병이지.”

“선생님, 어떤 소설은 외설로 고발 당하기도 하잖아요? 또 어떤 영화는 음란한 장면을 삭제 당하기도 하고요. 프랑스에서는 『보바리 부인』이 외설 시비의 대표적인 소설이었다면서요? 우리나라에서도 작가가 고발 당하는 일이 생길 정도로 외설 시비가 뜨거웠다고 들었어요.

그런데 참, 궁금한 것이 있어요. 그림만 해도 르누아르*의 나체화는 음란성보다는 인간의 아름다움을 표현한 것으로 보이는데 어떤 그림은 인간의 아름다움보다는 오직 선정성만을 전달하는 것 같아요. 왜 이렇게 다른 걸까요?”

“선생님도 오래전에 민철이와 똑같은 의문을 가졌었단다. 영화에도 오직 성적 호기심만 자극하기 위한 선정적인 영화가 있는데 그것은 바로 성인용 영화, 곧 에로 영화지. 이런 영화는 예술과는 전혀 상관없는 상업적인 작품이야.”

“선생님, 그래도 성인 영화를 만드는 사람들은 자기들 작품도 엄연히 예술 작품이라고 강변하잖아요?”

“그거야 자기들만의 주장이지. 독일 같은 나라에서는 도시의 특정 장소에서만 성인 영화를 상영하게 하고 청소년들은 출입을 법적으로 금지하고 있어. 이 사실만 봐도 예술 작품에는 기본적 도덕 가치가 있어야 한다는 게 확실하잖니?”

“선생님, 오늘은 제가 질문이 너무 많죠?”

“괜찮아. 궁금한 것이 더 있나 보구나.”

"텔레비전이나 인터넷 동영상을 보면 가수들의 의상이나 안무, 노래, 심지어는 이름까지도 미국식이 많더라고요. 게다가 대부분의 가수들이 청소년인데 특히 여자 가수들은 차림이 너무 야해요. 이런 가수들을 볼 때마다 눈살을 찌푸리게 되는데 그것은 거기에 도덕적 가치가 없기 때문일까요?"

"민철아, 예술 작품을 가지고 그것이 도덕적으로 옳은지 아니면 그른지 또는 예술 작품이 얼마나 선한지 아니면 악한지에 중점을 두는 태도는 예술 작품을 대하는 올바른 태도라고는 할 수 없어. 왜냐고? 예술이란 어디까지나 예술미를 창작하고 표현하며 감상하는 인간의 문화 영역이기 때문이야. 예술의 도덕적 가치를 논하는 것은 예술미를 근본적으로 따진 다음에 부차적으로 발생하는 문제라고 할 수 있거든."

"선생님, 그러면 이렇게 이해해도 될까요? 예술의 본질은 아름다움에 있고 이러한 아름다움이 온전하기 위해서는 도덕적 가치도 있어야 한다고 말입니다."

"그래. 아주 잘 정리했구나. 예술미뿐만 아니라 인간의 아름다움도 마찬가지란다."

"선생님, 인간의 아름다움이라면 외모지상주의가 판치는 지금의 성형 수술에 의한 아름다움을 말씀하시는 건가요? 지금은 자연미와 인공미(人工美)를 구분할 수 없을 지경이라니까요. 성형을 어찌나 감쪽같이 하는지 쌍꺼풀이나 코는 아주 자세히 봐도 모를 정도예요."

"그래. 성형 미인이 우글거리는 세상이지. 휴머니즘이 무시되고 외모지상주의가 지배적이라는 것 자체가 도덕적 가치관에 문제가 있다는 증거란다. 성형 수술만 놓고 본다면 아름다워지고 싶어서 수술한 것인데 뭐가 문제냐고 반문할 수 있겠지만, 외모지상주의의 아름다움은 피상적 아름다움에 지나지 않아. 인간에게 진정한 아름다움은 인간미가 내면에서 겉으로 우러나오는 아름다움이라는 사실을 잊지 않았으면 좋겠구나."

언뜻 보기에 예술 작품은 외설이나 음란성 또는 선정성과 무관한 듯하다. 그러나 소위 예술의 이름을 걸고 수많은 만화, 노래, 영화, 뮤직 비디오 등이 어두운 곳에서 아니, 때로는 버젓이 드러내 놓고 외설과 음란성과 선정성을 청소년들에게 전파하고 있다. 청소년들은 아직 비판적 사고력은 부족하고 성적 충동과 호기심은 강하기 때문에 외설물에 쉽게 노출된다. 게다가 아름다움에 관한 가치관이 아직 정립되지 않았기 때문에 그러한 외설물을 통해 잘못된 가치관을 갖기 쉽다.

예술 작품의 아름다움은 도덕적 가치와는 무관하다고 주장하는 사람들이 있다. 그러나 진, 선, 미는 하나라는 말이 있듯, 아름다움은 참답고 선할 때 진정 아름다울 수 있다. 인간은 어디까지나 사회적인 존재이다. 따라서 인간의 아름다움이나 예술의 아름다움은 사회적인 것일 수밖에 없다. 도덕적 가치를 배제한 아름다움은 인간의 아름다움이나 예술의 아름다움일 수 없다. 그러하기에 청소년기에 아름다움에 대한 올바른 인식을 심어 놓을 필요가 절실하다.

성의 아름다움을 지켜야 할 이유

　40대 후반의 한 남자가 있었다. 이 사람은 낮에는 평범한 회사원이었다. 그는 몇 달 전부터 아내에게는 직장에 일이 있다고 말하고 거의 매일 이른 새벽에 출근했다. 그런데 알고 보니 그동안 원룸에 혼자 사는 여자들에게 몹쓸 짓을 해왔던 것이다. 이 남자는 검거되어 법정에서 무기징역을 선고 받았는데 사면될 경우라도 10년간 발찌를 차야 할 의무도 함께 선고 받았다.

　요즘 청소년들의 성에 대한 가치관은 어떤 것일까? 한창 성교육이 신문이나 텔레비전에서 유행했고 한때 이 분야의 강사들이 이름을 날리기도 했지만 지금은 거름 장치가 거의 없는 것 같다.

　유진과 엄마의 대화를 살펴보자.

"유진아, 너도 이제 고등학교 1학년인데 성관계에 대해 웬만큼 알고 있지?"

"엄마, 인간의 신체 발달 과정 그리고 인체의 해부학적 구조, 또 남녀의 성관계와 임신, 그리고 임신에서 출산까지의 과정 같은 거 학교에서 벌써 다 배웠어요. 중학교 1학년 때부터 성교육이 있었으니까 알 만큼 다 안다고요."

"그렇다면 성관계의 아름다움이나 도덕적 가치 등에 대해서도 교육을 받았겠구나?"

"성관계는 생명의 원천이니까 고귀한 것이라는 교육은 받았어도 그것의 아름다움이나 도덕적 가치는 잘 모르겠는데요."

"성이란 고귀하며 신비롭고 아름다운 것이란다. 유진아, 이 세상의 살아 있는 모든 생물계를 한번 살펴보렴. 거의 모든 생물체들은 암수로 나뉘어 새로운 생명체들을 탄생시키면서 생물의 세계를 유지하고 있어. 인간 역시 자연 생물계를 구성하는 생물로서 위대한 자연법칙을 따르고 있단다."

"엄마, 그런데 인간은 다른 생물들과 좀 다르지 않나요? 인간에게는 성 역시 다른 생물들과 다른 것 같아요."

"어떤 점에서 말이니?"

"서양의 어떤 나라들은 남자끼리 결혼하거나 여자끼리 결혼하는 것을 법적으로 허락한다면서요? 그러니까 남녀 간의 성관계가 인간 사회에서는 이상해지는 것 같아요."

"내가 보기에도 그렇긴 해. 하지만 남자끼리 결혼해도 그 중에는 여자 역할을 하는 남자가 있고, 또 여자끼리 결혼해도 그 중에는 남자 역할을 하는 사람이 있다는구나. 동성애는 결국 인간의 정신적 문제이고 동성혼을 하는 사람들은 소수란다. 하지만 동성애자들이 타인을 괴롭히거나 혹은 도덕적으로 아주 문란한 행위를 하지 않는다면 그들도 법적으로 보호 받을 권리가 있지. 유진아, 그건 그렇고 성이 고귀하며 신비롭고 아름다운 것이라는 생각을 해 본 적 있니?”

“엄마가 무슨 말씀을 하시려는 건지 대강은 알겠는데 정확히 성이 어떤 건지는 사실 잘 모르겠어요. 남자와 여자를 구분하면서 남자의 생리적 특징을 남성이라고 하고 또 여자의 생리적 특징을 여성이라

고 하는 건가요? 아니면 남녀의 성관계를 말하는 건가요?"

"유진이도 웬만큼은 다 알고 있구나. 그래, 네 말 대로 성적 매력이니 성적 흥분이니 하는 말만 들어도 성이란 바로 남자의 특성과 여자의 특성을 지칭한다는 것을 알 수 있어. 우선 남자와 여자는 신체적·생리적 특징이 서로 다르고 사회적 역할도 다르잖아? 물론 기본적으로 생물학적 차이가 있지."

"그런데 요새 성 범죄자들이 전보다 많아진 것 같아요. 언젠가 신문에서 봤는데 아동 성폭력범은 중형에 처한대요."

"그래, 유진아. 그래서 엄마가 성은 고귀하며 신비롭고 아름다운 거라고 한 거야. 어린아이들은 장차 나라의 기둥이 될 싹이야. 우리 모두가 소중하게 보살펴야 하지. 어린아이들은 마치 온실의 꽃과 같아서 아직 신체적으로나 정신적으로나 성숙하지 못해. 그런데 그런 어린아이들을 보살펴야 할 어른이 그 아이들을 성폭행한다고 상상해보렴."

"엄마, 전에는 성폭행을 강간이라고 했죠? 나는 성인을 강제로 성폭행하는 것도 짐승보다 못한 행위라고 봐요. 그러니까 엄벌에 처해야 해요. 하물며 아동 성폭행범은 더 말할 것도 없어요."

"엄마도 유진이 말에 전적으로 동감해. 그런데 유진아, 한 가지 깊이 생각해야 할 문제가 있단다. 성폭행범이 사회에서 중벌을 받는 것은 그가 도덕적 가치를 지키지 않았을 뿐만 아니라 도덕적 가치를 파괴했기 때문이지. 무엇보다도 인간의 성이 고귀한 것은 그것이 개인의 자유로운 인격과 매우 밀접하기 때문이란다."

"그런데 뭘 깊이 생각해야 한다는 거죠?"

"성폭행은 사회적 문제이니 사회 구성원 모두가 그 범죄에 어느 정도 책임이 있다는 사실을 깊이 생각해야 한다는 말이지."

성폭행은 성의 아름다움을 파괴하는 반(反)사회적 행동이므로 엄하게 처벌 받아 마땅하다. 그러나 성폭행범은 무인도에서 혼자 살면서 범행을 저지르는 것이 아니라 함께 어우러져 사는 사회 안에서 범행을 저지르는 것이다. 성폭행의 원인은 그다지 간단하지 않다. 개인의 성장 과정, 가정과 학교의 교육 영향, 동료 관계, 알코올이나 마약, 기타 사회적인 영향 등이 복합적으로 작용해서 범죄 행위의 동기가 된다. 넓게 보면 사회도 책임이 있으므로 사회는 이들을 엄하게 처벌함과 동시에 끊임없이 건전한 성교육을 실시해야 한다. 더 나아가서 사회는 제도적으로 성폭력이 발생할 수 없는 환경을 만들기 위해 다각도로 방법을 강구해야 한다.

알코올과 마약을
 금지하는 까닭

일반적으로 아름다워지려고 하는 사람들에는 두 종류가 있다. 하나는 아름다운 사람들인데, 그들은 더 아름다워지려고 온갖 수단과 방법을 동원한다. 또 하나는 아름답지 못한 사람들인데, 이런 사람들은 물론 아름다워지기 위해서 발버둥친다. 그런데 자신이 아름답다는 사실을 망각한 채 살아가는 사람들이 있다. 바로 청소년들이다.

청소년들은 생명력의 아름다움을 지니고 있다. 생물학적으로 볼 때 인간은 20세까지 성장하고 20세 이후부터는 서서히 노화가 시작된다. 청소년들의 생기 넘치는 얼굴을 보고 있노라면 그 내면에서 꿈틀거리는 성장의 힘이 느껴진다.

청소년들은 꿈과 희망을 머금고 있어서 아름답다. 가을에 씨앗을

맺기 위해 힘차게 물과 양분을 빨아들이며 햇빛을 받는 식물과도 같이 청소년들은 순수한 꿈과 희망의 날개를 펼친다. 한편 그런 순수함 때문에 쉽게 상처를 받기도 한다.

청소년들은 꿈과 희망이 큰 만큼 혼란과 좌절, 절망도 크다. 청소년들 주변에는 성적 유혹, 흡연과 음주 그리고 각종 마약의 유혹이 숨어서 청소년들을 끌어들이려고 기회를 엿보고 있다. 청소년들은 도덕적 가치에 대한 신념이 아직 확고하지 않기 때문에 자칫하면 가치관의 혼란에 빠져 헤어나지 못할 수 있다.

길수와 아버지의 대화를 들어 보자.

"길수야, 너희 반 친구들 중에서 담배 피우는 아이들이 어느 정도인지 알고 있니?"

"한 3분의 1 정도의 아이들이 피우는 것 같아요."

"길수는 안 피우는 것 같은데……. 맞지?"

"기형이 아시죠? 그리고 종석이, 태용이, 상봉이……. 왜, 우리 집에 가끔 오는 애들 있잖아요? 그 친구들 중에도 피우는 애들이 있어요. 솔직히 말씀 드리면 저도 중학교 3학년 때 종석이가 줘서 한번 피웠는데, 어찌나 기침이 나고 눈물이 나던지……. 그 후로는 담배 근처에도 안 갔어요. 고등학생이 되어 보니 골초들도 많더라고요. 그런 친구들은 저를 놀려요. 그래도 저는 담배 냄새가 역겨워서 영 못 피우겠더라고요."

"몸에 맞든 안 맞든 아무튼 잘 했구나. 아빠도 20년 넘게 피우던 담배를 끊었는데 엄청나게 힘들었단다. '밥 먹고 한 대 피우지 않으면 소화가 안 된다.'라든지 '담배를 나눠 피워야 우정이 돈독해진다.'는 등 말도 안 되는 속설들이 있지. 아빠도 경험해 봤지만 담배는 습관이고 중독이야. 니코틴이 얼마나 독한지는 담배 한 모금 빤 다음 깨끗한 휴지에 훅 뱉어 보면 알 수 있어. 시커먼 니코틴이 잔뜩 묻어나거든. 담배에는 중독성이 강한 니코틴뿐만 아니라 암을 유발하는 타르를 비롯해 수백 가지 유해 물질이 들어 있다는구나. 어디 그뿐이냐? 담뱃재가 사방에 날리고 또 꽁초는 아무 데나 버려지고……. 담배는 피우는 사람의 기분은 좋을지 모르지만 그 외에는 백해무익한 기호품이란다."

"지금 생각해도 우리 아빠 정말 대단하세요. 병이 나서 못 피우게 되신 것도 아니고……. 자신의 의지로 담배를 끊은 사람과는 말도 섞지 말라는 이야기가 있잖아요. 그만큼 담배는 끊기가 힘든데 그런 담배를 끊은 사람은 독종이라는 말이잖아요. 그래서 아빠를 더 존경해요. 담배 끊는 것도 일종의 인간 승리 아니겠어요?"

"길수야, 학교는 물론이고 각종 언론 매체에서도 청소년들에게 성교육뿐만 아니라 금연, 금주, 마약 퇴치 등에 관한 교육도 많이 하면 좋겠다. 학교에서 혹시 그런 교육을 받았니?"

"성교육은 재미있으니까 여러 선생님들이 직간접으로 해 주세요. 그런데 담배는 어쩌다 주머니를 조사하는 것 말고는 별도의 교육이 없어요. 대학 입시가 발등의 불이다 보니 선생님들도 금주나 마약 퇴치 등에는 별로 신경을 못 쓰시는 것 같아요."

"길수야, 흡연이 음주나 마약과 얼마나 밀접한지 모르지? 너희반 아이들 중 3분의 1 정도가 흡연을 한다면 그 중 얼마나 많은 아이들이 음주를 하거나 본드, 가스를 흡입할지 걱정이구나. 청소년기는 성인이 되기 이전 단계이기 때문에 신체와 정신이 건강하지 않으면 앞으로 건강한 성인이 되기 힘들단다."

"아빠는 세상에 대한 걱정이 너무 많아서 탈이에요. 아빠가 그렇게 걱정한다고 해서 달라지는 게 있나요?"

"음, 아빠가 걱정만 하고 앉아 있는 것은 아니란다. 이래 봬도 실천가라고. 매달 청소년 단체에 조금씩 기부도 하고, 너도 알다시피 한 달에 한 번씩 소년원에 가서 상담을 하잖니? 실 한 가닥 한 가닥이 합쳐져 커다란 실타래가 되는 법이란다."

"역시 아빠예요. 그러니까 아빠 말씀은 혼란하고 질서 없는 청소년의 가치관을 바로 세우기 위해서는 청소년의 신체와 정신을 해치는 흡연, 음주, 마약 등을 퇴치해야 한다, 이 말씀이신 거죠?"

친구 따라 강남 간다는 말처럼 청소년들은 친구들한테서 쉽게 흡연을 배운다. 그리고 더 나아가 음주에 빠져들기도 하고 본드나 가스에 손을 대기도 한다. 청소년들은 아직 확고한 가치관이 없기 때문에 주변의 유혹에 약하기 마련이다. 문제는 어른들과 사회다. 어른들이 대학 입시에만 관심을 쏟고 황금만능주의, 물질만능주의 그리고 외모지상주의에 물들어 있으면 청소년들은 가치관의 혼란 속에서 방황할 수밖에 없다.

어른들부터 무엇이 사회의 진정한 도덕적 가치인지 철저히 반성해야 한다. 지금도 수많은 청소년들이 밤거리를 헤매면서 흡연, 음주, 본드 및 유사 마약에 찌들어 가고 있다. 우리는 건전한 사회의 도덕적 가치를 일으켜 세우기 위해서라도 철저한 실천 대책을 세워야 한다.

아름다운 것은 선한가

　관념론 철학에 의하면 아름다움(미)과 착함(선)과 참다움(진)은 하나이다. 진(眞), 선(善), 미(美)를 더 구체적으로 살펴보면 다음과 같다.

　진은 학문적(또는 인식론적) 앎의 대상이며 목적이다. 선은 도덕적 가치의 대상이며 목적이다. 그런가 하면 미는 자연적 또는 예술적 조화와 질서의 기준이다. 그런데 왜 진, 선, 미를 하나라고 하는가? 만일 진, 선, 미가 하나라면 아름다움은 선이면서 동시에 진이라는 말인가?

　수빈이와 선생님의 대화를 들어 보자.

"선생님, 올해가 마지막 학창 시절인데 여자 선생님을 담임 선생님으로 맞게 되어 정말 좋아요. 고등학교 1, 2학년 때는 모두 남자 담임 선생님들이셨거든요. 게다가 선생님은 미술 선생님이시니, 전 정말 운이 좋은가 봐요. 아시다시피 제가 미대에 진학하려고 하잖아요. 그래서 말씀인데요……. 선생님, 궁금한 게 있는데 여쭤 봐도 될까요?"

"그래. 앞으로는 입시 준비로 바쁠 테니 학기 초에 이렇게 여유로운 시간을 갖는 것도 좋지. 그런데 수빈이는 생각도 많고 질문도 많은 걸 보니, 미술보다는 철학을 전공하는 게 낫겠다. 그건 농담이고……. 뭐가 궁금하니?"

"그보다 먼저, 일요일 오후인데도 저희 네 명 때문에 이렇게 학교에 나와 주셔서 너무 감사합니다. 그럼, 이제 여쭤 볼게요. 선생님, 아름다움과 착함, 곧 미와 선은 하나인가요, 아니면 서로 전혀 무관한 것인가요?"

"녀석, 정말 어려운 질문만 골라 하는구나. 이 선생님한테도 생각을 좀 정리할 시간이 필요하구나. 나는 아무래도 미술 전공이다 보니 주로 예술적 아름다움을 늘 생각한단다. 그런데 우리가 선을 이야기할 때 예술적 선이라는 말은 쓰지 않으니까 미와 선은 서로 별개인 것 같구나."

"선생님, 저도 언뜻 생각하기에는 그런 것 같아요. 소설이나 영화를 보면 매력적이고 예쁜 여자가 사기를 치거나 도둑질을 하면서 악한 인물로 등장하는 경우가 꽤 많아요. 이런 경우에는 아름다움이 오히려 악과 밀접해요."

"그럴 수도 있겠구나. 그런데 수빈아, 우리는 인간의 내면적인 아름다움을 이야기할 때 '마음이 아름다운 사람들'이라고 말하는데, 이런 경우에 '아름다운'은 '선한'과 같은 의미잖니?"

"그렇다면 아름다움이 선과 무관할 수도 있고, 선과 아주 밀접할 수도 있다는 것인데 좀 더 정리하면 이렇게 말할 수 있을까요? 단지 외면적이며 형식적이기만 한 아름다움은 도덕적 선과 관계가 없으며 외면적이고 형식적이지만 내면적인 미를 동반하는 아름다움은 선과 직접 연관된다, 이렇게요?"

"이래서 수빈이는 철학도가 될 것 같다니까. 나는 청소년을 누구보다도 아름답다고 생각한단다. 청소년들에게서는 싱싱한 풋내음이 나잖니? 게다가 청소년의 내면은 순수한 생명력으로 가득 차 있어. 이보다 아름다운 존재가 또 있겠니? 수빈아, 너희는 너희들이 아름답다는 걸 잘 모르지? 등잔 밑이 어두운 법이니까."

"선생님, 저도 물론 '청춘은 아름답다'는 말은 알아요. 그렇지만 선생님도 청소년 시절을 떠올려 보세요. 아름다움은커녕 하루하루가 고뇌와 번민이죠. 저희는 당장 외모부터 불만이에요. 어떤 애들은 키가 너무 작아서, 어떤 애들은 쌍꺼풀이 없어서, 코가 낮아서, 또 어떤 애들은 여드름이 너무 많아서……. 그뿐인 줄 아세요?"

"또 뭐?"

"말도 마세요. 용돈도 항상 부족해요. 밤늦게까지 학원에서 공부하자니 저녁도 사 먹어야 하고 군것질도 하고 싶고 참고서 비용이니 휴

대전화 비용이니……. 들어가는 돈이 만만치 않다 보니 부모님은 매일 잔소리를 하시는데 참기가 너무 힘들어요. 게다가 옷이나 신발도 사야 하고요. 정말 산 너머 산이에요."

"그런 것은 어차피 차차 극복해야 할 문제 아니겠니? 사실, 가장 큰 고민은 입시 아닌가?"

"사실은 그렇죠. 정말 제일 큰 문제는 대학 입시와 이성 문제예요. 이성 친구가 있는 애들은 친구 만나랴 공부하랴 갈팡질팡해요. 그런데 저처럼 이성 친구가 없는 아이들은 공부에 몰두하다가도 그런 애들이 신나게 지내는 걸 보면 약이 막 오르고 그래요."

"수빈아, 생각의 방향을 좀 돌려 보렴. 어른이 되어서 현실 사회를 살아가려면 외로움이나 삭막함 등 온갖 어려움들을 견디고 극복해야 한단다. 아무리 고민과 번민이 많다 해도 너희는 아직 이상과 희망을 향해 달려갈 수 있는 나이잖니. 그래서 청소년기를 가장 아름다운 시기라고 하는 거란다."

"그 말씀을 들으니 조금 위로가 돼요. 그럼 선생님, 맨 처음 질문으로 돌아가서 선생님께서 아름답다고 하신 것은 결국 인간의 내면에서 우러나오는 조화롭고 질서 있는 인간다움이라고 정의해도 될까요?"

"그래. 참 잘 정리했구나. 물론 입장에 따라 아름다움도 여러 가지가 있을 거야. 예술 작품의 아름다움을 비롯해서 자연의 아름다움과 인간 외모의 아름다움 등은 모두 질서와 조화를 갖춰야만 진정 가치가 있는 거란다. 그러고 보면 선도 행동의 질서와 조화가 필요하기

때문에 진정한 아름다움은 도덕적 가치인 선과 밀접할 수밖에 없는
거지."

  좁은 관점에서 보면 진, 선, 미는 서로 다른 것일 수밖에 없다. 왜
냐하면 앎의 진리와 행동의 선 그리고 자연미나 예술미는 서로 다르
기 때문이다. 그러나 넓은 관점에서 보면 진, 선, 미는 하나이다. 예
컨대 기독교의 신은 진, 선, 미의 통일이고, 도가의 도 역시 진, 선,
미의 통일이라고 볼 수 있다. 사람만 봐도 항상 참답게 생각하고 말
하는 사람은 행동 역시 선하게 마련이다. 우리는 마음에서 우러나오

는 선한 행동을 하는 사람을 일컬어 아름다운 사람이라고 한다.

　그러나 부분적이거나 피상적인 진, 선, 미는 서로 일치하지 않음을 알아야 한다. 예컨대 오직 외모에만 신경 쓰는 것은 참답지 못하며, 더군다나 선한 행동과는 거리가 멀다. 인간의 아름다움은 무엇보다도 내면적 인격에 의해 좌우되는 것이기 때문이다.

개성과 유행의 차이

현대 사회는 확실히 대중 사회다. 대부분 사람들의 말에서도 대중성을 엿볼 수 있다. 사람들은 불확실한 현실에서 자신이 스스로 책임져야 하는 말은 가급적 피하려고 한다. 그래서 이렇게 말하는 습관이 배었다.

"오랜만에 스키장에 오니 가슴이 탁 트이고 정말 '좋은 것 같아요'."

"비가 계속해서 내리니까 너무 '슬픈 것 같아요'."

"오늘은 날씨도 좋고 기분도 좋아서 결과가 '잘 나올 것 같습니다'."

"금년에는 예쁜 애인을 만나서 멋진 사랑을 '할 것 같아요'."

프랑크푸르트학파*의 철학자 에리히 프롬*은 『자유로부터의 도피』에서 현대인은 자유가 너무 힘들어서 자유로부터 도망친다고 말했다. 대중 사회에서 우리는 각자의 자유의지에 의한 개성적 결단이 너무 벅차기 때문에 그저 대중의 물결에 휩쓸려 가는 데 익숙해 있다. 말하자면 매일 너도 나도 유행을 따라가며 살아가는 것이다.

다른 사람들이 성형 수술을 하니까 나도, 친구들이 명품을 사니까 나도, 남들이 머리를 염색하니까 나도, 다른 학생들이 이 학원에 다니니까 나도……. 이렇게 남들을 따라 행동하지 않으면 뒤쳐지는 것 같고 소외되는 것 같은 기분에 나도 모르게 부지런히 남들을 따라 행동하는 것이 현대인의 행동 방식이다.

수진이와 어머니의 대화를 들어 보자.

"엄마, 엄마도 유행에 민감한가 봐."

"뚱딴지같이 무슨 말이니? 너는 갑자기 이상한 말을 꺼내서 사람 놀라게 하더라. 엄마처럼 보수적인 사람도 드문데, 내가 왜 유행에 민감하다는 거니?"

"엄마는 보수적이라기보다는 고전적이지.

엄마는 언제나 우아미(優雅美)의 전형이잖아. 머리를 단발 생머리에 옅은 갈색으로 물들인 걸 보면 말이야."

"그거야, 우선 긴 머리는 거추장스럽기 때문이지. 그리고 연갈색으로 염색한 데는 이유가 있어. 네 외할머니를 닮아서 그런지 나도 사십 후반에 들어서니까 갑자기 흰머리가 확 늘더구나. 새까맣게 물들이면 한두 달 있다가 물 빠질 때 보기 싫더라. 그래서 이렇게 염색하는 거야. 그러니 유행하고는 상관이 없지."

"듣고 보니 그러네. 그런데 엄마, 유행은 좋은 거야, 나쁜 거야?"

"유행이라……. 음, 그건 대중적이고 사회적인 거 아닐까? 지나치게 유행을 따르면 개성이 없어질 테고, 그렇다고 유행을 전적으로 무시하면 사회성이 부족하다는 소리를 듣겠지."

"그런데 엄마, 자신의 전문 분야에 전념하고 몰두하는 사람들은 유행과는 담을 쌓고 살잖아?"

"뭐랄까……. 그런 사람들은 개성이 아주 강한 사람들이지. 물리학자 뉴턴은 달걀을 삶으려다 자기 시계를 삶았다는 이야기가 있어. 철학자 칸트는 매일 아침 일정한 시간에 산책을 나갔는데, 어느 날 그가 루소의 『에밀』을 읽다가 한 시간 늦게 산책을 나가자 동네 사람들이 자기들의 시계가 틀린 줄 알고 시곗바늘을 되돌려 놓았다는 이야기도 있지. 이런 사람들은 개성이 강하고 삶에 자신감이 있으니까 대중적 유행 같은 데는 관심도 없었을 거야. 하지만 대부분의 사람들은 생각, 말투, 옷, 얼굴 등에서 많든 적든 유행을 따르며 살아가고 있단다. 엄마나 수진이가 새 옷을 사는 것도 유행과 무관하지 않은 셈이지."

"엄마는 차근차근 설명하는 데 거의 천재적이야. 그냥 주부로 있지 말고 지금이라도 학교 선생님을 하면 아주 잘 가르칠 것 같아. 엄마, 내가 알고 싶은 것은 진정한 아름다움은 개성에 있느냐, 아니면 유행에 있느냐 하는 거야."

"수진이가 뭔가 물을 때는 이미 잠정적인 답을 갖고 있을 때가 많던데? 그래 이번에는 어떻게 답을 내렸니?"

"사실 내 대답은 분명해. 참다운 아름다움은 개성에 있는 것이고, 유행은 단지 피상적이고 순간적인 아름다움이라는 거지."

"그 말에 나도 동감이야. 그런데 많은 청소년들이 개성과 유행을 혼동하더구나. 언젠가 우리 수진이도 명품 지갑 하나 갖고 싶다고 고집 부려서 이 엄마가 설득하느라고 혼났던 거 기억하지?"

"그때야 중학생이었으니까 아직 어려서 그랬지 뭐. 지금은 나도 철이 들 만큼 들었다고. 그런데 우리 반 아이들 대부분은 아직도 철이 덜 들었다니까. 글쎄 엄마, 개성 있게 보이려면 쌍꺼풀이나 눈 트임 수술을 해야 한다면서 벌써부터 얼굴에 손대는 애들도 있어."

"그러게, 예전에 너와 같이 유치원에 다녔던 영민이를 얼마 전에 길에서 만났는데, 깜짝 놀랄 정도로 살을 빼고 쌍꺼풀 수술을 해서 얼굴을 못 알아볼 정도였어. 게다가 요즘 유행하는 옷가지들을 입으니 텔레비전에서 방금 나온 아이처럼 보이더구나. 많은 아이들이 그런 모습이라고 해도 영민이까지 그럴 줄은 전혀 몰랐어."

"그렇다니까. 애들한테 나중에 대학 들어가서 하는 게 낫다고 말하면 이제 다 컸으니 괜찮다며 방학때 그런 수술을 하는 거야. 아직도 유행과 개성을 영 구분 못하는 거지 뭐."

"맞아. 일반적으로 옷이나 머리 스타일 같은 외적인 유행은 서양이나 미국, 일본에서 우리나라로 들어온다는구나. 대중가요도 그렇고. 예컨대 힙합 같은 것은 미국에서 들어왔지. 유행은 그야말로 대중적인 것이야. 수많은 사람들이 비슷한 옷을 입으니까 나도 덩달아서 그 옷을 입는 거지."

"사실, 저희 같은 청소년들은 아직 사리분별에 어려움이 있기 때문에 누군가 좋아 보이는 옷을 입으면 따라 입고 싶거든요."

"요즘은 초등학생부터 대학생까지 커플 반지가 유행이라고 하더구나. 유행에는 외면적인 아름다움은 있어도 내면의 아름다움은 거의 없어. 그렇다면 개성은 뭘까? 개성은 한 개인의 독자적이고도 창조적이며 또 긍정적인 특징이야. 그러니까 개성의 아름다움이야말로 한 인간의 아름다움이라고 할 수 있지."

개성과 유행을 놓고 어떤 것이 가치가 있는가라고 묻는다면 그 답은 당연히 개성 쪽이다. 유행은 사회를 따라가고 또 사회에 적응한다는 면에서는 가치가 있을지 몰라도 개인의 자유의지로 행동한 결정과 같은 도덕적 가치는 결여된 것이다. 대부분의 현대인은 마르쿠제의 말처럼 '일차원적 인간'으로서 '일차원적 사회'에서 살아가고 있다. 이 말은 현대인은 대중 사회에서 대중적 인간으로서 살아가고 있음을 뜻한다.

개성을 상실한 인간은 도덕적 가치를 상실한 인간이다. 대중문화와 물질문명의 홍수에 떠밀려 가는 대중적 인간의 삶이 보여 주는 적나라한 모습은 무가치, 곧 허무이다. 인간의 미래는 오로지 개성을 회복하고 도덕적 가치를 재탈환하는 데 달려 있다.

1. 자신의 얼굴이나 몸을 성형 수술로 고치고 싶다고 생각한 적이 있는가? 있다면 왜 그런 생각을 했는지 이야기해 보자. 성형 수술과 도덕적 가치의 관계를 말해 보자.

2. 음란 동영상이나 외설적인 문학 작품을 접한 일이 있는지, 있었다면 그때의 느낌을 구체적으로 이야기해 보자. 외설적인 예술 작품을 사회에서 규제하는 근거는 어디에 있는지 간단히 써 보자.

3. 성(性)이 아름다운 이유는 어디에 있는가? 성폭력범이 도덕적으로 비난 받고 엄하게 처벌 받아야 할 근거를 말해 보자.

4. 음주나 흡연 경험이 있는가? 있다면 어떤 생각으로 했고, 그 당시 어떤 느낌이었는지 이야기해 보자. 청소년들에게 음주, 흡연을 비롯해서 각종 마약이 금지되어야 하는 이유를 자세히 논의해 보자.

5. 진, 선, 미는 하나라고 한다. 하지만 진, 선, 미는 서로 다르다고 주장하는 사람도 있다. 이 두 견해에 관해 각각의 입장을 전개해 보자.

6. 많은 사람들은 유행을 따르면서 살아간다. 유행과 개성의 차이를 말해 보자. 인간에게 개성이 왜 필요한지에 대해서도 생각해 보자.

선과 악도 정지되어 폐쇄된 상태로 고정될 수 있다. 폐쇄된 선과 악은 도덕적 가치가 없으며 그러한 선과 악은 인간의 삶에서 부정적 역할만 할 뿐이다. 고인 물이 썩는 것처럼 오랜 세월 선이나 악으로 고정된 것은 한낱 관습에 지나지 않을 수 있다. 따라서 우리는 항상 예리한 비판 정신을 가지고 폐쇄된 선과 악을 창조적으로 전환함으로써 열린 선을 만들 자세를 가져야 한다.

5장

선한 행동과 악한 행동

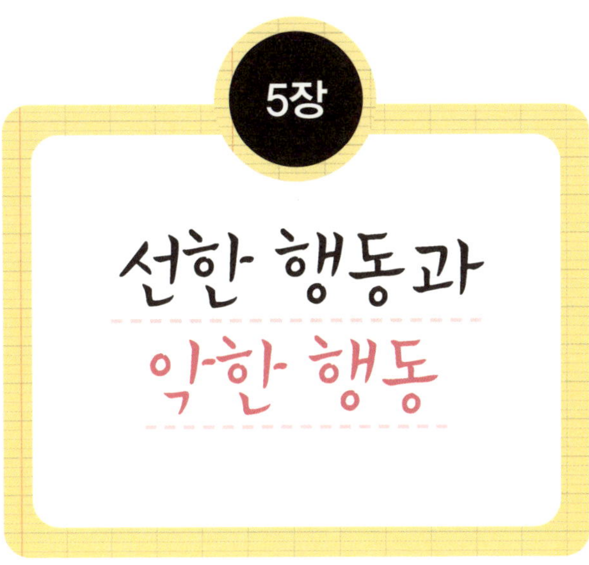

선한

인간이란

한 해가 다 가고 성탄절이 가까워 오면 사방에서 성탄절 노랫소리가 들리고 도심 곳곳에는 구세군 자선냄비가 세워진다. 각종 방송에서는 불우 이웃 돕기 성금 모금 행사도 벌어진다. 심심찮게 기부 천사들이 알게 모르게 등장해서 한겨울 얼어붙은 사람들의 마음을 훈훈하게 녹여 주기도 한다. 그렇다면 우리가 선한 인간, 곧 착한 사람이라고 말하는 사람들은 어떤 사람들일까?

길수와 선생님의 대화를 들어 보자.

"선생님, 태어날 때부터 착한 사람이 있을까요?"

"갓난아이는 그냥 순수하다고 보면 될 거야. 말하자면 갓난아이는 현실적으로는 착하지도 않고 악하지도 않다는 뜻이지. 그러니까 선과 악은 사회적인 도덕 가치인 거야."

"선생님, 그러니까 선과 악은 인간과 인간 사이의 관계에서만 문제가 된다는 말씀이시죠?"

"그렇지. 가령 네가 절해고도(絶海孤島) 무인도에서 일생 혼자서 생계를 유지하다가 죽는다고 가정해 보렴. 그렇다면 혼자서 별짓을 다 해도 그 행동은 선이나 악과는 상관이 없다는 뜻이지."

"그러니까 갓난아이는 순수한 상태지만 점차 자라서 의식을 가지고 가족들과 현실적인 관계를 맺을 때 착한 아이나 악한 아이가 되는 거겠네요?"

"바로 그렇지. 그럼 선한 인간이란 어떤 인간일까?"

"제 생각으로는 인간관계에서 발전적으로 행동하는 사람이 선한 인간 아닐까요?"

"발전적이라는 말이 상당히 애매하구나. 더 쉽고 명확하게 말한다면?"

"좀 어렵네요. 음……. 서로 성숙할 수 있게 행동하는 사람이겠죠."

"그럼 미안하지만 한 번 더 묻겠다. 성숙은 어떤 뜻이지?"

"지혜로워지는 거요."

"그래 잘 대답했다. 인간이 성숙한다는 것은 우선 신체적으로 성장한다는 의미도 있지만, 그보다 근본적인 것은 인격적으로 완성 단계에 들어선다는 뜻이야. 그래서 인간이 성숙해지면 지혜와 용기, 절제 등의 덕목뿐만 아니라 관용, 용서, 화해 등의 덕목도 갖추게 되는 거란다. 그러고 보면 인간이 성숙한다는 것은 말은 쉬워도 사실 보통

어려운 일이 아닌 거야."

"선생님, 그렇게 보면 착한 행동에도 여러 가지가 있으니 선한 인간도 여러 종류가 있겠네요?"

"그렇지. 구체적으로 예를 들어 본다면?"

"어느 신문에서 선행을 한 할머니의 기사를 읽었어요. 할머니는 한국전쟁 때 북에서 피난 내려와서 산전수전 다 겪으며 돈을 모았고, 그 돈으로 어느 대학교 앞에서 판잣집을 짓고 분식집을 차렸대요. 세월이 지났어도 그 자리에 2층집을 짓고 여전히 대학생들을 상대로 음식점을 했대요. 예전에 결혼했지만 지금은 이혼하고 자식도 없이 여든 나이에 혼자 산대요. 양아들을 하나 들였지만 돈만 축내다가 훌쩍 나가 버린 지가 20년도 넘었대요. 할머니는 지난날을 돌이켜 보면서 지금까지 그럭저럭 살 수 있었던 것은 다 대학생들 덕이었다며 2층짜리 음식점 건물을 대학에 기부했대요. 조건이라고는 할머니가 돌아가실 때까지 음식점 2층의 방 한 칸을 쓰고 다달이 생활비와 병원비를 대 주는 것뿐이었대요. 가지면 더 가지려는 것이 사람들 마음인데 자신의 음식점을 대학에 기부하면서 장학금에 보태라고 한 할머니는 참으로 착한 사람이에요. 참, 그 할머니는 초등학교도 못 나왔대요. 그러고 보면 오히려 많이 배우거나 많이 가진 사람 중에는 착한 사람이 별로 없는 것 같아요."

"선생님도 그 기사를 봤는데 정말 감동적이더구나. 또 이런 사람도 있단다. 평생 콩나물 장사를 해서 꼬깃꼬깃 모은 돈 수억 원을 기부한 할머니, 국밥집을 하면서 일생 모은 돈을 기부한 할머니, 몇 년간 거르지 않고 수천만 원씩 이름도 안 밝히고 주민자치센터 앞에 놓고 가면서 간단히 '금년에도 이웃 돕기에 써 주세요.'라고 전화로만 알리는 사람……. 이런 사람들 모두 착한 사람들이지."

"선생님, 세상에는 혼란스럽고 악한 사람들만 있는 것 같아도 찾아보면 착한 사람들이 의외로 많아요. 양로원이나 보육원을 정기적으로 찾아가는 자원봉사자들, 아파트의 온갖 궂은일을 마다 않고 묵묵히 도맡는 경비 아저씨들, 헌혈하는 사람들, 밤낮없이 격무에 시달리면서 시민의 안전을 지키는 경찰들, 밤잠 못 자고 환자를 간호하는 간병사들, 길거리의 미화원들…… 이렇게 헤아려 보니 세상 사람들이 다 착하게 보이네요."

"바로 그거야. 인간에게는 선한 면과 악한 면이 다 있어. 다른 말로 하면 인간에게는 이기심(利己心)과 이타심(利他心)이 다 있다는 거지. 그래서 이기심이 현실화되면 악한 인간이 되고 이타심이 현실화되면 선한 인간이 되는 거란다. 지옥과 천국을 오락가락한다는 말이 있잖아. 소설 『지킬 박사와 하이드』 알지? 이렇듯 로마 신화에 나오는 야누스야말로 인간의 대표적인 상징이라고 볼 수 있지."

옛말에 하루에 세 번 반성하라는 말이 있다. 인간에게는 선과 악의 가능성이 다 있기 때문이다. 수신제가 치국평천하(修身齊家 治國平天下)하라는 말 또한 선의 전개 방향을 일깨우는 말이다. 수신, 곧 자기 자신을 갈고 닦아야 선한 인간이 될 수 있기 때문이다. 선이나 악은 마치 물감과도 같아서 쉼 없이 노력하지 않으면 어느새 악의 물감이 온몸을 색칠한다. 악은 가까이 하기 쉽고 선은 가까이 하기 어렵다. 자기 자신을 갈고 닦으면서 악의 물감을 끊임없이 지우고 선의 물감에 다가가는 용기가 있어야 선한 모습을 갖출 수 있는 것이다.

테레사 수녀 같은 분은 선한 인간을 대표

이기심
자기 자신을 중심으로 생각하는 마음

이타심
타인을 중심으로 생각하는 마음

**테레사 수녀
(1910~1997)**
인도 콜카타에서 평생을 가난하고 병든 사람을 위해 봉사했다. '사랑의 선교 수녀회' 등을 설립했으며 1979년 노벨 평화상을 받았다.

한다. 수많은 사람들이 '마더 테레사'라고 추앙하지만 본인이 체험한 고통과 번민은 얼마나 컸을 것이며 또 선한 인간이 되기까지 넘어야 했던 가시밭길은 얼마나 험난했을지 생각해 보자. 선은 그만큼 어려운 것이다.

선은 절대적인가

가끔 길거리를 가다가 깜짝 놀랄 때가 있다.

"믿으십시오!"

"뭘 말입니까?"

"믿으십시오! 예수를!"

"왜 예수를 믿어야 합니까?"

"지옥의 불구덩이에 떨어지지 않고 천국에 가려면 믿으십시오!"

아주머니 두서너 명이 앞을 가로막고 이렇게 막무가내로 강요하다
시피 전도할 때면 난감하기 짝이 없다. 마르크스는 "종교는 아편이

다."라고 말하면서 종교는 인간을 병들게 한다고 비판했다. 사실 정치·경제적인 현실만을 인정한다면 종교는 환상의 산물에 불과한 것이 되고, 종교인은 현실을 무시하고 환상의 세계에서 살아가는 꼴이 된다. 어떤 종교를 맹신하거나 독단적 세계관을 가진 사람들 중에는 절대 선과 절대 악을 주장하는 이들이 많다. '선은 절대적인가' 하는 물음은 항상 '악은 절대적인가' 하는 물음을 동반하게 마련이다. 왜냐하면 선이 절대적인 것이라고 주장할 경우, 그것에 대응하는 악 역시 절대적인 것이라고 주장하는 셈이 되기 때문이다.

예컨대 배화교(조로아스터교)*와 같은 종교에서는 처음부터 선과 악이 함께 존재한다고 보았고, 역사 과정을 선과 악의 투쟁 과정으로 설명한다. 일반인들의 견해는 비록 체계적이지는 않더라도 보통 선과 악의 이원론(二元論)을 지지하면서 자신들의 삶에서 선이 악을 이기기를 바란다.

절대적 선에 관한 민철이와 진욱이의 대화를 들어 보자.

"민철아, 나는 선은 절대적이라고 확신해. 유가(儒家)에서도 인의예지를 사단이라고 해서 이 사단은 완전히 선하다고 하잖아. 그런 것을 보면 선은 역시 절대적이라는 것을 알 수 있어. 우리 집안이 대대로 유교 전통을 떠받들기도 하지만 아무튼 나는 어릴 적부터 선은 절대적이라고 확신해 왔어."

"너는 절대적이라는 말을 좋아하더라. 지난번에는 선은 물론이고 진과 미도 절대적이라고 했잖아. 선이 왜 절대적인지 그리고 아 참, 그보다 먼저 선이 무엇인지 얘기 좀 해 볼래?"

"내가 절대적이라는 말을 좋아하는 게 아니야. 진, 선, 미가 절대적이라고 생각한다는 거지. 아무튼 선은 착한 마음가짐과 아울러 착한 행동의 상태나 성질을 말하는 거 아니겠어?"

"착하다는 의미를 더 구체적으로 설명한다면?"

"너 참 답답하다. 착하다는 것은 말 그대로 착한 거야. 일일이 예를 들어야 해? 사기 치는 것의 반대, 도둑질하는 것의 반대, 거짓말하는 것의 반대 등등. 이런 것들이 착한 행동에 드는 거야. 뻔하지 않아? 그러니까 남을 도우면서 자기 자신을 돌보지 않고 희생하는 것 등이 착한 행동이지."

"음, 알겠어. 그럼 선이 왜 절대적인지 좀 쉽게, 내가 알아들을 수 있게 설명해 봐."

"답답하긴……. 유가에서는 천(天)과 인(人)을 구분해. 하늘은 신이며 우주의 원리에 해당하고 인간은 하늘을 따르는 존재야. 그러니 하늘은 절대적이고 인간은 상대적일 수밖에 없어. 아까 말한 인의예지는 바로 천성(天性)에 해당하는 것으로서 순수하게 선한 것들이야. 그러니까 사단(四端)은 절대적일 수밖에 없다는 것이지."

"어느 정도 이해가 가긴 하는데, 그렇다면 상대적 인간이 가지고 있는 것들은 어떤 것이고 그것들은 절대적일 수 없는 거야?"

"인간이 가지고 있는 요소 중 정서가 있는데 이를 칠정(七情)이라고 해. 칠정은 즐거움, 노함, 슬픔, 의심, 사랑, 싫어함, 욕망의 일곱 가지 감정을 말해. 유가에서 말하는 사단칠정*은 사실 인간의 덕목을 말하는 거야."

"진욱아, 좀 헷갈린다. 아까 네가 사단은 하늘의 성질이어서 절대적이라고 했는데 이번에는 사단이 칠정과 함께 인간에게 속한다니?"

"야, 머리는 뒀다가 뭐에 쓰려고 그래? 이리 저리 좀 굴려 봐. 바로 인간이 순수하게 선한 사단과 아울러 선하기도 하고 악하기도 한 칠정을 동시에 가지고 있다는 뜻이지. 이것이 바로 사단칠정의 의미란 말이야."

"이거 왜 이래? 나도 사단칠정의 내용쯤이야 안다고. 누구나 태어나면서부터 타인을 측은히 여기며, 부끄러움을 알고, 옳고 그름을 가릴 줄 알며, 당연히 해서는 안 될 일을 사양할 줄 안다, 이것이 바로 사단이지? 그러니까 네 말에 의하면 인의예지인 사단은 순수하게 선하고 절대적이기 때문에 불변하는 덕목이라는 거 아니야?"

"그렇지! 알면서 왜 자꾸 물어? 유가, 특히 공자와 맹자*를 따르는 전통에서는 인간은 누구나 사단을 가지고 있으므로 원래 도덕적으로 선하다고 봐. 그리고 선은 천성이니까 절대적이라는 거지. 나는 선이 절대적이라는 것에 반대할 이론은 없다고 봐. 만일 있다고 해도 그런 주장은 근거가 미약할 수밖에 없어. 천(天)이 우주 원리라면 하늘은 절대적일 수밖에 없어. 그러니 천성 역시 절대적이라는 것은 아주 당연한 이치잖아."

"그건 너무 독단적인 생각이 아닐까? 우선, 뭐가 하늘이라는 거지?

저 높은 창공이 하늘이야? 그 하늘은 우주의 일부분이지 사단과는 아무 상관없어. 아니면 신이라고? 무슨 신? 기독교의 조물주, 아니면 알라? 아니면 조상신?"

"너 같은 무신론자하고는 말이 안 통한다니까. 너도 종교를 갖게 되면 이해할 수 있을 거야."

플라톤과 같은 형이상학적 윤리학자라든가 칸트와 같은 직각적(直覺的) 윤리학자의 입장에서 보면 선은 절대적이다. 플라톤은 생성 소멸하고 변하는 현상계(現象界)*를 불완전한 것으로 보았다. 그는 현상계를 존재하게 하는 원형을 이데아라고 일컬었다. 따라서 현상계에 대립하는 영원불변의 이데아계가 존재할 수밖에 없다. 현상계의 무수한 사물들의 원형인 무수한 이데아들이 있고 이 이데아들의 이데아가 있는데, 플라톤은 그것을 '선의 이데아'라고 했다.

칸트는 "그대는 당연히 해야만 하기 때문에 할 수 있다."고 말했다. 절대적인 도덕 법칙 곧 선이 있고, 인간의 자유의지는 이 선에 따라 행동할 수 있다는 것이다. 플라톤이나 칸트와 같은 철학자들은 인간 영혼의 뿌리는 선이라고 보았기 때문에 그들이 보기에 선은 절대적인 것이다. 그러나 선을 상대적인 것으로 보는 입장도 있고, 오히려 선보다는 악을 더 절대적으로 보는 입장도 있다.

선과 악은 상대적인가

대부분의 일상인들은 악을 피하고 선하게 살기 위해 노력한다. 청소년들도 예외는 아니다.

"어제 수학 시험 시간에 앞에 앉은 수정이의 답지가 다 보이더라. 내가 딱 두 문제를 못 풀고 있었는데, 수정이 걸 훔쳐보고 싶은 마음이 굴뚝같지 뭐야. 하지만 과감히 눈을 감고 끝내 두 문제를 못 푼 채 답지를 냈지 뭐. 수정이 걸 보고 썼다면 두고두고 마음에 걸렸겠지만 포기하고 나니 오히려 속이 다 후련하더라."

"나도 가끔 엄마 지갑에 손대고 싶을 때가 있어. 엄마는 늘 주방 찬장에 지갑을 놓고 다닌단 말이야. 가끔 지갑에서 만 원짜리가 삐져나와 가지고는 나 가져 봐라, 하고 놀리는 것 같아. 그래도 에라, 돈 보기를 돌 보듯 하자, 하고 작심하니까 이제는 마음이 편해."

"나는 지하철 타면 빈자리가 있어도 아예 앉을 생각 안 해. 한두 번 빈자리가 있기에 잽싸게 앉았지 뭐야. 그런데 한 정거장 지나서 어떤 할머니가 내 앞에 서는 거야. 양보를 할까 말까 망설이다가 피곤하기

 5장 선한 행동과 악한 행동

도 해서 눈을 감고 자는 척했어. 그런데 영 마음이 불편해서 더 이상은 못하겠더라고. 참다 참다가 에라, 얼른 일어나서 자리를 양보했어. 또 한 번은 학교 도서관에서 10시까지 있다가 지하철을 탔어. 너무 피곤했는데 바로 앞에 자리가 나는 거야. 얼른 앉아서 깜박 졸았는데, 갑자기 '새파란 녀석이 이 늙은 할아버지가 앞에 있는데도 자는 척하고 있어? 세상 말세로다!' 하는 소리가 나는 거야. 놀라서 눈을 떠 보니 정말 할아버지가 내 앞에 서 있는 거야. 얼떨결에 일어서고 말았지. 그 다음부터는 지하철 타면 절대로 앉을 생각 안 해."

이런 이야기들을 들어 보면 선과 악은 사람들 마음에 어느 정도 비슷하게 자리를 차지하고 있는 것처럼 여겨진다. 그리고 대부분의 사람들은 악을 피하고 선을 행하려고 한다. 그런데 문제는 많은 사람들이 선과 악을 주관적 잣대로 판단하는 데 있다.

다음과 같은 이야기를 들어 보자.

"장사도 사업이니까 영수증도 정확히 발급하고 법대로 세금을 내야 한다는 것은 나도 잘 알고 있고 또 그렇게 하려고 노력은 해. 하지만 대기업들은 세금을 제대로 낼까? 비자금을 마련하고 정치인과 공무원들에게 각종 로비를 하는데 말이야. 그들이 법대로 세금을 낸다는 말을 믿을 사람이 어디 있어? 그런데 이 조그만 가게 하나 운영하는 내가 세금을 꼬박꼬박 낸다는 건 불공평하잖아. 그러니 매상 좀 적게 기록하고 세금 신고 금액 좀 줄인다고 한들 누가 욕하겠어? 물론 선한 행동은 아니지만 그렇다고 악한 행동이랄 것까지야 없지.”

“시내버스를 모는 나한테 교통 법규에 따라 차선 잘 지키고 신호도 어기지 말고 규정 속도를 지키라고? 물론 그렇게 하면 그야말로 선진 교통 문화가 이뤄지겠지. 하지만 자기들도 버스 한번 몰아 보라고 해. 어쩔 수 없이 교통 법규를 위반해야 한다 이 말씀이야. 운행 시간이 얼마나 빡빡한데……. 시내는 늘 교통 체증에 몸살이지, 주어진 운행 시간은 맞춰야지, 그러려면 과속을 할 수밖에 없다고. 신호를 딱딱 지키다가는 늦게 도착했다고 욕만 먹는데 난폭 운전을 안 할 수가 있나. 물론 잘한다는 건 아니지만 어쩔 수 없다는 거지. 교통 법규를 제대로 지키면서 시내버스 운전해 봐! 나만 바보 되고 회사에선 해고 대상 1순위가 될 게 뻔해.”

“처음 이 회사에 들어왔을 때 난감한 게 한두 가지가 아니었어. 지금은 나도 능구렁이가 다 됐지만 말이야. 신입 사원 때는 원칙대로 일하다가 왕따 당하기 일쑤였지. 낮 12시부터 오후 1시까지 점심시간이라 나는 도시락을 싸 와서 점심을 먹고 오후 1시부터 책상에 앉아 일을 시작하면 다른 직원들은 1시 넘어서 들어와서는 나를 손가락질하는 거야. 나는 오후 6시 퇴근 시간이면 일을 끝내고 퇴근했지만 다른 직원들은 더 늦게까지 있다가 자주 회식 자리에 참석하면서 친분을 쌓더라고. 한 6개월 왕따 당하고 외톨이로 지내다가 우연히 나도 직원들 틈에 끼게 되었고 상사들 비위도 적당히 맞추고 명절 때가 되면 상사들에게 선물도 보내고 그랬지. 좋은 게 좋은 거야. 그렇게 행동하는 게 결국 현명하다는 것을 깨닫게 된 셈이지.”

　이런 이야기들에서 우리는 선과 악에 관해 무엇을 알 수 있는가? 사람들은 극단적인 선과 악의 대립에서는 그것을 각각 절대적인 것으로 여긴다. 그렇지만 대부분의 일상적인 사소한 행동에서는 선과 악을 상대적으로 여기는 것 같다.

　다음의 대화를 살펴보자.

　"연말이 다가오고 크리스마스가 되니까 기부 천사들이 많이 나타나서 마음이 흐뭇해. 조금씩 모아서 불우 이웃을 돕는 일은 정말 착한 일이야. 그런데 연말에는 또 살인범과 강도 같은 폭력범들이 설쳐 댄다, 이 말이지. 아무래도 흉악범들은 태어날 때부터 악의 씨앗을 가지고 있는 것 같아."

　"말도 마. 아동 성폭력범을 봐. 이번에 잡힌 범인은 아예 상습범이래. 몇 년 전에 아동 성폭행으로 교도소에 갔다가 나온 사람이 이번에 또 그랬다지 뭐야. 세상에 선한 사람이 악해지거나 또 악한 사람이 선해지는 경우는 없다니까. 선은 어디까지나 선이고, 악은 어디까지나 악이야."

　"하지만 개과천선(改過遷善)˙이라는 말도 있잖아? 교육이 왜 필요해? 악한 사람도 잘못을 뉘우치고 깨달으면 선해질 수 있어. 예컨대 성직자들이 횡령을 하거나 성폭행을 하는 경우도 있잖아? 제아무리 선한 사람이라도 아차, 하는 순간 잘못 판단하고 행동하면

개과천선
잘못 들어선 길을 버리고 착한 사람으로 다시 태어나겠다는 결의를 실천하여 마침내 이룩함을 이르는 말

악해질 수 있는 거야. 그러니까 선과 악은 처음부터 정해져 있는 게 아니라 상대적인 거라고."

일반적으로 여러 종교들과 대부분의 철학자들은 선과 악을 거의 절대적인 것으로 여긴다. 말하자면 선은 도덕적으로 완전한 데 비해 악은 도덕성이 없거나 부족한 것으로 이해되는 경우가 많다. 악을 도덕의 결여로 보는 것은 소극적인 입장인 데 비해 악을 선과 정반대의 것으로 보는 것은 적극적인 입장이라고 할 수 있다.

그러나 대부분의 일상인들을 비롯해서 경험론자들이나 회의론자*들은 선과 악을 관습적인 것으로 보기 때문에 선과 악을 상대주의적 입장에서 대한다. 말하자면 선도 때와 장소에 따라서 악이 될 수 있고 악 역시 경우에 따라 선이 될 수 있다는 것이다. 이런 입장은 공리주의나 실용주의 입장과도 일맥상통한다.

회의론자
인간이 이 세계에 관해서 확실한 지식(진리)을 갖는다는 가능성에 회의를 느끼는 이론 및 그러한 입장을 회의론이라고 부르며, 그러한 입장의 사람을 회의론자라고 한다.

 5장 선한 행동과 악한 행동

성선설과 성악설

인간에 관한 정의에는 여러 가지가 있다. 그 중에서 "인간은 이성적 존재이다."라는 말은 인간의 본성을 이성으로 보는 것이다. 즉 인간이 본래부터 가지고 태어났으며 변하지 않는 성질은 합리적 이성이라는 것이다. 고대부터 대부분의 동서양의 철학자들은 인간의 본성이 이성에 있다고 보았다. 그러나 고대 그리스의 궤변 철학자들(소피스트들)과 근대 영국의 경험론 철학자들은 인간의 본성이 감각 경험에 있다고 주장했다.

인간의 본성이 이성이라거나 아니면 감각 경험이라고 말하는 것은 인식론적 관점에서 인간의 본성이 무엇인가, 하는 물음에 대한 답이 될 수 있다. 그렇다면 도덕적(윤리적) 가치의 관점에서는 인간의 본성은 선한가 아니면 악한가, 하고 물을 수 있다. 인간의 본성이 선하다고 하는 입장은 성선설(性善說)이며 플라톤이나 맹자가 대표적 사상가이다. 인간의 본성이 악하다고 하는 성악설(性惡說)을 대변하는 사상가들로는 순자(荀子)˙와 홉스˙를 들 수 있다.

다음은 진아와 선생님의 대화이다.

"선생님, 저는 인간의 본성이 선하다는 데 한 표 던지고 싶어요. 만일 인간의 본성이 악하다면 우리는 모두 악한 행동만 할 테고 그렇다면 사회는 질서가 없어지고 약육강식이 판치는 동물의 세계가 되고 말 거예요. 그나마 인간의 본성이 선하기 때문에 종교와 도덕 그리고 예술과 학문이 인류의 미래 지향적 문화를 꽃피울 수 있다고 믿어요. 제가 틀렸나요?"

"아니, 왜 네가 틀려? 그렇게 생각하는 데는 진아 나름대로 근거가 있는데. 그런데 진아야, 인간의 본성이 선하다느니 아니면 악하다느니, 하는 것을 논하기 전에 도대체 인간이란 무엇이고 또 인간의 본성은 무엇인지부터 밝혀야 하지 않을까?"

"아, 그렇군요. 선생님, 인간에 관한 정의는 여러 가지가 있겠지만 저는 '인간은 생각할 줄 아는 존재다.' 정도로 정의하고 싶어요. 그리고 인간의 본성이란 '본래부터 인간이 가지고 있는 불변하는 특성'으로 풀이하면 될 것 같아요."

"그 정도면 아주 훌륭하구나. 선생님이 인간과 인간의 본성에 관해 좀 더 이야기하고 싶지만 그 전에 진아의 생각이 궁금하구나. 그러니까 한두 가지 더 물어보마. 진아야, 불교에서는 제행무상(諸行無常)이요 제법무아(諸法無我)라고 했어. 즉 모든 행동은 한결 같음이 없고 모든 것들은 '나'라는 것이 없다는 뜻이지. 이런 입장에서 보면 본성, 즉 변하지 않는 특성이란 있을 수 없잖아?"

"선생님, 죄송하지만 그것은 꼭 궤변처럼 들리네요. 인간은 벌써 정해진 인간, 곧 불변하는 인간이에요. 이 불변하는 인간이 가진 특성 역시 불변하는 본성이죠. 그래서 제가 보기에는 인간들이 서로 배려하는 한 인간의 본성은 선하다는 뜻 같아요."

"그렇다면 진아는 맹자의 성선설을 따르는 입장이구나."

"예. 선생님, 저도 맹자가 성선설을 주장했다는 것은 아는데 그런 주장을 하게 된 배경이 궁금해요."

"맹자는 인간의 도덕적 본성을 선하다고 했어. 인간은 양지양능(良知良能)을 타고났다는 거야. 양지양능이란 옳게 알고 옳게 행하는 능력이지. 인간은 양지양능에 의해서 도덕의 근본인 사단, 곧 인, 의, 예, 지를 가지고 이것들을 생활에 적용할 수 있다는 거야. 그러니까 양지양능은 인간의 천성에 속하는 것이고, 따라서 인간의 본성은 선할 수밖에 없다는 거지."

"그러면 세상에는 선밖에 없어야 할 텐데 왜 악이 존재하죠? 맹자는 악의 존재를 어떻게 설명하나요?"

"응? 별로 복잡하지 않아. 인간에게는 천성적으로 사단이 있으니까 본래 선한 존재야. 그렇지만 인간은 자기 자신 밖에 있는 여러 가지 외물(外物)의 유혹을 받으면 거기에 끌려서 방향 감각을 상실하고 악행을 범할 수 있다는 거지. 그렇기 때문에 수신, 즉 자신의 몸을 갈고 닦기를 게을리 하지 않아야 선한 본성을 계속 보유할 수 있다는 것이 맹자의 말씀이란다."

"선생님, 고대 그리스의 플라톤 역시 성선설을 주장했다는데 그의 이론은 어떤 건가요?"

"플라톤의 이론은 맹자보다 훨씬 복잡하고 체계적이지. 아주 간략하게 요약해 볼게. 플라톤은 이원론자(二元論者)야. 플라톤이 보기에 세계는 눈에 보이는 현상계와 눈에는 보이지 않는 합리적 이성의 사고 대상인 이데아계로 구분된단다. 두 세계 중 참다운 세계는 이데아계이고 그것의 그림자가 현상계라는 것이지.

삼각형을 예로 들어 설명해 볼 테니 한번 잘 들어 봐라. 교과서에 나오는 삼각형과 네가 직접 그린 삼각형, 타악기인 트라이앵글의 삼각형은 모두 현상계의 삼각형이야. 플라톤은 눈에 보이는 삼각형들은 모두 불완전하다고 했어. 정확히 말하면 눈에 보이는 삼각형들은 모두 평면체가 아니고 입체이기 때문이지. 그래서 플라톤은 우리가 말하는 삼각형, 즉 평면체인 삼각형 그 자체는 오직 우리의 사고에서만 존재할 수 있는 정신적 개념이라고 했고 이것을 삼각형의 이데아라고 정의했단다."

"그러면 무수한 사물들이 있는 것처럼 이 사물들의 원형인 이데아도 무수히 많겠네요?"

"맞아. 그리고 무수한 이데아들을 이데아들이게끔 하는 최상의 이데아를 플라톤은 선의 이데아라고 했지."

"그렇다면 우주 만물의 본성도 선이고 인간의 본성도 선일 수밖에 없네요?"

맹자나 플라톤의 성선설에 대립되는 것은 순자나 홉스의 성악설이다. 순자는 인간이 선천적으로 도덕적 선을 가지고 태어난다는 생각에 반대한다. 순자에 의하면 인간의 본성은 악하고 선은 인위적(人爲的)이다. 즉 인간의 선천적 본성은 이기적 욕망이고 선은 인간의 후천적 노력일 뿐이라는 것이다. 인간의 선천적 본성은 이기적 욕망이기 때문에 만일 후천적으로 노력하면서 이상적 규율과 아울러 나라의 제도나 법률을 따르지 않는다면 인간에게는 분란과 싸움만 남는다는 것이다.

홉스는 순자보다 넓은 의미의 성악설 옹호론자라고 할 수 있다. 홉스는 인간의 본성을 자연적 욕구와 자연적 이성 두 가지로 보았다. 자연적 욕구는 이기주의적 힘이며 소유하고 싶은 충동으로서 악한 것이며, 자연적 이성은 이성적 통찰로서 선한 것이라고 할 수 있다. 자연 상태에서 인간은 힘의 충동과 자기보존의 충동을 충족하려고 한다. 따라서 인간은 자연 상태에서 "만인의 만인에 대한 투쟁"의 지배를 받으며 "인간은 인간에게 늑대"인 것이다. 무질서와 전쟁을 방지하기 위해 인간은 자연적 이성에 의해서 모든 인간에게 안전과 평화를 보장하려는 계약을 체결하는데 이 계약에 의해 성립된 것이 국가이다. 정확히 말하면 홉스는 성악설과 성선설을 동시에 지지하는 철학자이다.

선과 악의 피안

　마르크스, 니체, 프로이트, 아인슈타인 등은 혁명적인 사상가라 할 수 있다. 여기에서 '혁명적인'이라는 말의 뜻은 정치적인 것이 아니라 사상적인 것을 의미한다. 마르크스는 물질적 생산관계가 인간 삶의 토대라고 주장했다. 마르크스 이전까지 인간 삶의 토대는 일반적으로 정신적 문화 또는 이성이라고 여겨졌다. 마르크스의 주장은 전통 사고방식에 질적인 변화를 제시했다. 니체 역시 전통 철학에 질적 혁명을 꾀했다. 니체는 "신은 죽었다."라고 선언하고 창조적 인간의 출현을 제시했다. 그에 의하면 신은 나약한 인간이 만든 허구에 불과하다는 것이다. 마르크스와 니체는 전통 가치관을 전복해 버렸다.

프로이트는 인간의 정신계에 일대 혁명을 일으켰다. 지금까지 사람들은 '인간은 이성적 존재'이기 때문에 이성적 자아에 의해 생각하며 행동한다고 믿었다. 그런데 프로이트는 인간의 정신에서 이성적 의식은 극히 작은 표면 의식이고 정신의 큰 부분을 차지하는 것은 충동적 무의식이라고 주장했다. 프로이트에 의하면 내가 지금 글을 쓰고 있는 것은 의식에 의해서지만, 이렇게 의식적으로 글을 쓰게 하는 더 큰 힘은 사실 나의 충동적인 무의식이라는 것이다. 프로이트의 정신 분석학은 인간의 행위를 지배하는 것이 이성적 의식이 아니고 충동적 무의식이라는 사실을 제시했다.

그런가 하면 아인슈타인은 종래의 고전 물리학에서 말하는 시간의 절대성에 대립해서 그의 특수상대성이론으로 시간의 상대성을 제시했다. 정지되어 있는 세계와 운동하는 세계에서 시간은 서로 다른 속도로 흐른다는 것이 특수상대성이론이다. 말하자면 운동계의 시간은 정지되어 있는 좌표계의 시간보다 느리게 진행된다. 예컨대 한 사람은 지구에 남아 있고 또 한 사람은 먼 우주를 여행하고 지구로 돌아온다고 했을 때, 지구에 남아 있는 사람이 10년을 보냈으면 우주여행을 하고 돌아온 사람은 3년이나 4년을 보낸 셈이라는 결론이 나오는 것이다. 그만큼 운동계는 여행하는 동안 시간이 느리게 흐르기 때문이다. 이와 같은 아인슈타인의 이론은 시간에 대한 혁명적 사상이다.

마르크스, 니체, 프로이트, 아인슈타인의 사상은 전통 사상에 대한 혁명이며 동시에 피안(彼岸)이다. 왜냐하면 그들의 사상은 전통 사상을 붕괴하면서 그것을 뛰어넘기 때문이다. 전통적 도덕 가치인 선과 악에서도 우리는 전통 가치의 붕괴와 극복이라는 의미에서 선과 악의 피안을 말할 수 있다. 우리는 마르크스, 니체, 프로이트, 아인슈타인 등 혁명적 사상가들과 동일한 입장에서 선과 악에 대해서도 혁명적인 가치관을 제시할 수 있다. 선과 악의 피안을 가장 명확하게 제시한 철학자는 니체이며, 베르그송이라든가 포퍼◆ 같은 철학자들도 선과 악의 피안에 관한 사상을 제시했다.

민철이와 선생님의 대화를 들어 보자.

"선생님, 선과 악은 윤리적 개념으로 쉽게 말하면 옳음과 그름이죠? 그런데 제가 듣기로는 포이어바흐◆와 마르크스, 니체는 거의 같은 입장에서 종교적인 선을 허구라고 강하게 비판했다는데 근거가 무엇인지 궁금해요."

"민철이가 아주 어려운 문제에 관심을 가지고 있구나. 고등학교 2학년에게는 좀 무리가 아닐까 싶지만 네게 이미 어느 정도 기초 지식이 있는 것 같으니까 간단히 설명해 보마. 포이어바흐는 『종교비판』에서 '철학의 비밀은 신학이고 신학의 비밀은 인간학이다.'라고 말했어. 그의 말은 생물학적 내지 유물론적 인간학이 알맹이라면, 이 알맹이를 감싸고 있는 첫째 속껍질이 신학이고, 가장 겉에 있는 쓸모없는 껍질이 철학이라는 거야. 그러니까 철학이라는 겉껍질을 벗기면 신학이 나타나고 신학이라는 껍질을 벗겨 버리면 인간학이라는 알맹이가 나온다는 거지.”

“정말 굉장한 말이네요. 결국 철학과 종교는 거짓된 허구이고 철학과 종교에서 주장하는 진, 선, 미 같은 것도 모두 거짓이라는 거죠? 그렇다면 인간학적 유물론에서 말하는 진, 선, 미야말로 참다운 것이라는 말이 되네요?”

“그래, 아주 잘 봤어. 그러니까 포이어바흐가 보기에 기독교를 비롯한 여러 종교들이 주장하는 선이나 악은 허구에 불과하고 유물론적 인간학에서 보는 선이나 악이 진짜라는 거야.”

“아, 그래서 포이어바흐나 마르크스가 종교를 부정적으로 본 것이군요. 결국 마르크스가 인간을 병들게 만드는 아편이라고 종교를 혹독하게 비난한 이유도 그것 때문이고요. 그럼 선생님, 포이어바흐가 유물론적 인간학이 가장 참답고 확실한 학문이라고 주장하는 근거는 무엇이죠?”

“아주 중요한 질문이구나. 포이어바흐는 자기 철학의 출발점을 인식론, 곧 앎의 이론에 두었어. 인간이 대상을 확실히 알 수 있는 것은 어디까지나 감각 경험에 의해서일 뿐이라는 게 그의 주장이야. 마르크스도 마찬가지지. 그들이 보기에 이성이란 허구에 지나지 않으므로 이성 인식은 그릇된 것이야. 포이어바흐나 마르크스는 어떻게 보면 극단적인 유물론자들이야. 그런데 선과 악을 극복할 수 있는 또 다른 방법을 제시한 철학자들로는 베르그송이나 포퍼를 들 수 있단다.”

　"선생님, 베르그송은 생(生) 철학자이자 직관주의 철학자이고, 칼 포퍼는 현대의 사회 철학자이자 과학 철학자라는 것은 저도 알아요. 베르그송은 『창조적 진화』를, 칼 포퍼는 『열린사회와 그 적들』을 썼죠? 그런데 솔직히 그들의 사상에 대해 자세히는 몰라요. 설명 좀 해 주시겠어요?"

　"그래, 짧게 설명해 보마. 베르그송은 『도덕과 종교의 두 원천』에서 도덕은 닫힌도덕에서 열린도덕으로, 그리고 종교는 정적 종교에서 동적 종교로 발전한다고 말했어. 인간은 자기반성적이고 창조적이니까 부정적 도덕이나 종교를 긍정적인 것들로 변화시키고 발전시킨다는 거지. 포퍼는 독단 철학의 대표를 플라톤과 마르크스로 보고 독단 철학에 의한 사회 체제는 닫힌 것이므로 닫힌사회를 비판하고 열린사회를 지향할 필요성을 강조했단다.”

위의 대화에서 알 수 있는 것처럼 선과 악도 정지되어 폐쇄된 상태로 고정될 수 있다. 폐쇄된 선과 악은 도덕적 가치가 없다. 그리고 그러한 선과 악은 인간의 삶에서 부정적 역할만 할 뿐이다. 고인 물이 썩는 것처럼 오랜 세월 선이나 악으로 고정된 것은 한낱 관습에 지나지 않을 수 있다. 따라서 우리는 항상 예리한 비판 정신을 가지고 폐쇄된 선과 악을 창조적으로 전환함으로써 열린 선을 만들 자세를 가져야 한다.

폐쇄된 선과 악은 도덕적으로 가치가 없다. 우리 인간의 삶에 활력을 불어넣고 더 긍정적인 삶의 방향을 제시할 수 있는 것은 동적이며 열린 선이다. 선과 악의 피안은 오직 동적인 열린 선에서만 가능할 것이다.

현실과 이상

　우리 인간은 현실의 삶을 살아가면서 수없이 많은 이상들을 실현하고자 노력한다. 그러므로 삶이란 이상을 실현하기 위한 과정이라고도 볼 수 있다. 인간은 이성적이라는 것 외에도 자기반성적이며 자기 창조적이라는 점에서 다른 동물과 구별된다. 그런데 인간은 무엇에서 자기반성적이며 자기 창조적이라는 말인가?

　인간은 이념적 내지 이상적인 자기 자신에 있어서 자기반성적이며 자기 창조적이다. 짐승들은 본능에 따라 맹목적으로 살아가는 데 비해 인간은 이념이나 이상을 잣대로 삼아 자신을 반성하며 자기 자신의 삶을 창조한다. 그렇기 때문에 인간은 문화적 존재로서 문화의 창조자이자 동시에 문화에 의해 창조되는 존재인 것이다.

이렇듯 인간은 문화적 존재인 동시에 도덕적 존재이기도 하다. 어떻게 보면 선이나 도덕 법칙과 같은 최상의 도덕적 가치는 인간의 이념 내지 이상에 해당하기 때문이다. 어떤 특정한 인간을 가리켜 사람들은 '짐승만도 못한 인간' 또는 '개만도 못한 인간'이라고 욕한다. 이것은 한 인간이 마땅히 지켜야 할 도덕적 가치를 갖추지 못했을 때 가해지는 비난이다. 반대로 현실과 이상에서 도덕적 가치를 지킬 때 그는 덕스러운 인간이 될 수 있다. 고대 그리스의 철학자 아리스토텔레스는 덕을 실천적 덕과 이론적 덕으로 나누었다. 그는 이론적 덕이 실천적 덕보다 우위에 있다고 보았다.

실천적으로 불우한 이웃을 위해서 봉사 활동을 하거나 나보다 못한 사람에게 기부하는 행위를 일컬어 우리는 선한 행동이라고 부른다. 그런데 정신 능력이 모자라거나 술에 너무 취한 사람은 선과 악을 구분할 줄 모르기 때문에 실천적으로 선하거나 악한 행위를 할 수 없다. 그런가 하면 남을 배려하지 않는 이기적인 사람은 타인에게 손해가 가더라도 자신의 이익을 위해서, 그리고 타인을 해치더라도 오직 자신의 쾌감이나 안전만을 위해서 악행을 저지를 수 있다. 아리스토텔레스에 의하면 현실에서 실천적으로 덕스러운 행동을 하기 위해서는 이론적 덕이 선행되어야 한다.

지은이와 오빠의 이야기를 들어 보자.

"오빠, 토요일 오후에 이렇게 오빠와 단둘이 있어 보는 게 정말 오랜만이네. 오빠는 철학과 학생이니까 속 시원하게 대답해 줄 거라 믿어. 오빠는 도덕적 가치, 더 구체적으로 말해서 선한 행동과 악한 행동의 현실과 이상을 어떻게 생각해?"

"갑자기 무슨 엉뚱한 질문이야? 농담하는 거니, 아니면 진지하게 묻는 거니?"

"이거 왜 이래? 난 진짜 진지하게 묻는 거라고. 학교 숙제인데 다음 주까지 정리해 가야 하거든."

"정말이야? 참 심오한 숙제구나. 그럼 한번 이야기해 볼까? 우선, 선한 행동과 악한 행동을 살펴보자. 선한 행동은 이기심을 버리고 남을 나처럼 여기는 행위겠지. 그런가 하면 악한 행동은 내 이익을 위해 남을 수단으로 이용하는 것이겠고."

"어휴, 좀 어렵다. 자신을 헌신하고 불우 이웃을 도우며 어려운 이들에게 기부하는 행동은 선한 행동이고, 남의 것을 훔치거나 타인을 폭행하거나 사기를 치는 행동은 물론, 성폭행하거나 상해를 입히거나 살인하는 것은 악한 행동이라는 말인 거야?"

"장차 생물학자가 되겠다더니…… 지은이 너답게 아주 구체적으로 설명하는구나. 역시 너는 현실주의자야."

"그러는 오빠는 이상주의자야. 오빠는 간단한 거 한 가지를 설명할 때도 아주 추상적으로 이야기하잖아."

"나도 인정해. 하지만 지은이 너는 너무 현실주의자야. 무슨 일에서나 현실적 이익을 따지고 또 구체적 증거를 요구하니까 너무 근시안적인 것 같아. 그보다는 눈에 보이지 않지만 현실에서 방향을 제시할 수 있는 이상을 추구하는 이상주의자가 오히려 낫지 않겠어?"

"나는 오빠처럼 이상만 추구하는 사람을 보면 좀 답답해. 나는 가장 중요한 것은 역시 현실이라고 봐. 도덕적 가치만 해도 현실적으로 선하고 또 현실적으로 악한 게 문제이지, 이상적으로 선한 것 그리고 이론적으로 악한 것은 전혀 문제가 아니라고 생각해. 오빠, 좀 더 따져 보자고. 현실 세계에서 지금 당장 불쌍한 사람을 도와주고 봉사하며 기부하는 것이 선한 행동 아니겠어? 이론적으로 그리고 이상적으로 제아무리 선을 논하고 선과 악을 구분한다고 한들 도대체 그게 무슨 의미가 있겠어?"

"지은아, 네가 아무리 우겨도 이 오빠 생각은 변하지 않아. 이상적인 선 없이, 그리고 이론적으로 선을 알지 못하면서 어떻게 선한 행동을 할 수 있겠니?"

"그럼 오빠, 학교 근처에도 가지 못한 할머니가 국밥집을 수십 년간 운영해서 모은 돈을 모두 가난한 학생들을 위한 장학금으로 기부한 경우를 보자고. 또는 시장에서 매일 번 돈 중 일부를 차곡차곡 모아서 그 지역의 어려운 이웃들에게 음식이나 옷 등을 마련해 주는 사람들도 있잖아."

"그렇지. 연말이면 뉴스에서 빠지지 않고 꼭 나오는 이야기잖아."

"그런데 말야, 그 할머니가 이론적으로 선이 무엇인지 알고 기부한 걸까? 목숨보다 소중하게 아끼던 거금을 장학금으로 기부하는 것이 뿌듯하니까 그렇게 한 거지. 할머니한테 그런 거창한 이론이 있을까?"

"너 단단히 잘못 생각하고 있어. 배움이란 학교에서만 할 수 있는 게 아냐. 현명한 사람은 학교뿐만 아니라 살아가는 현실에서 때와 장소를 가리지 않고 배우는 거야. 그 국밥집 할머니는 호의호식하는 것보다 장학금으로 기부하는 것이 선하다는 것을 알기 때문에 기부할 수 있었던 거야. 아는 것은 이미 이론이고, 할머니는 선한 행동을 이론적으로 알고 있었기 때문에 선뜻 실천적으로 기부할 수 있었던 거지.”

“듣고 보니 그렇네. 그렇다면 실천과 이상은 맞물려 가는 게 아닐까?”

“그렇지. 칸트 같은 철학자는 실천 이성이 이론 이성보다 우위에 있다고 했어. 아리스토텔레스와 반대인 거지. 칸트가 실천적 덕이 이론적 덕보다 우위에 있다고 한 것은, 이론적 덕은 이론의 테두리에 갇혀 있기 때문에 그 테두리를 넘어서는 실천적 덕이 중요하다는 뜻이야.”

인간은 이상을 가지고 현실의 삶을 살아간다. 다시 말하자면 인간은 누구나 자신의 이상을 현실화하면서 매일의 삶을 이끌어 나가는 것이다. 도덕적 가치들인 선, 자유, 평등, 정의 등은 이중적인 측면이 있다. 하나는 이상적 내지 이념적인 측면이고, 또 하나는 현실적인 측면이다.

이상적인 도덕적 가치들은 완전하고, 현실적인 도덕 가치들은 불완전하다. 그렇기 때문에 인간은 이상적인 완전한 선을 현실에서 실현하기 위해 청소년기에 이상적인 선과 현실에서의 실현에 대해 많이 고민하고 스스로 결론을 얻어내야 한다. 사회를 해석하는 힘을 기르는 시기이기 때문이다. 또한 현실의 실천적인 불완전한 선을 완전하게 만들기 위해서 끊임없이 이상적인 선을 모델로 삼고 그것을 현실에서 실현하려고 노력한다.

생각해 볼 문제

1. 착한 사람들은 어떤 사람들인가? 선한 행위를 구체적으로 들어 보고 그것들의 공통점을 말해 보자.

2. 선을 절대적이라고 믿는 사람들은 어떤 근거에서 그렇게 주장하는지 상세히 살펴보자.

3. 선과 악은 절대적인가 아니면 상대적인가? 선과 악을 절대적으로 보는 입장과 상대적으로 보는 입장을 살펴보고 그 차이를 이야기해 보자.

4. 성선설이나 성악설을 주장하는 대표적인 철학자들은 누구인가? 이들 철학자들은 각각 어떤 이유에서 성선설과 성악설을 주장하는가?

5. 전통적인 선과 악, 다시 말해서 폐쇄적인 선과 악을 해체하고 극복하기 위해서 선과 악의 피안을 주장한 철학자들이 있다. 이들이 제시한 선과 악의 피안은 무엇인가?

6. 인간은 이상을 추구하는 존재로서 이상을 현실의 삶에서 실현한다. 각자가 가지고 있는 이상은 어떤 것인지 이야기해 보자. 그리고 나는 이상을 어떻게 현실에서 실현하고 있는지도 이야기해 보자.

우리 사회는 도덕적으로 어떠한가? 아직까지는 도덕적 가치관에서 희망이 있는 사회다. 대부분의 사회 구성원이 건전한 가치관을 가지고 도처에서 건강한 삶을 이끌어 가고 있다. 고달픈 일상에서도 사회 관습을 건전하게 지켜 나가고 있는 것이다. 대부분의 사람들은 다른 사람들 수단으로서가 아니라 목적으로 대하면서 소위 도덕 법칙을 성실히 지키고 있다.

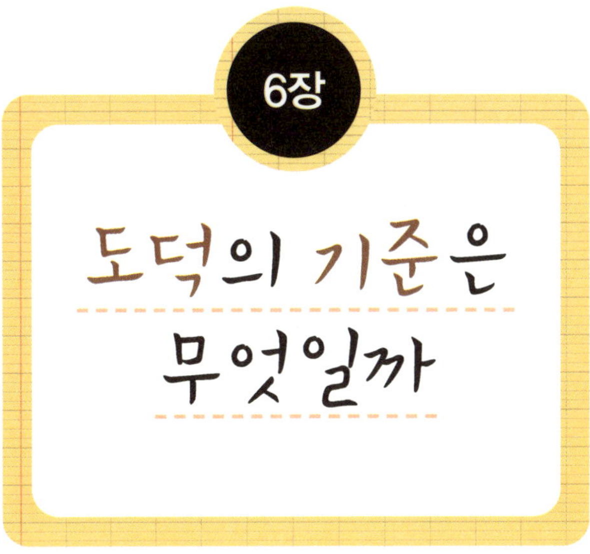

6장
도덕의 기준은
무엇일까

VALUES

불변하는
도덕 원리

　일반적으로 사람들은 도덕 가치 내지 도덕 원리에 대한 생각에서 두 편으로 나뉘는 것 같다. 어느 정도 보수적인 사람들은 도덕 가치(또는 도덕 원리)를 절대적이며 불변한다고 생각하는 경향이 있다. 그런가 하면 비교적 진보적인 사람들은 도덕 가치란 상대적이며 때와 장소에 따라 변할 수 있는 것이라고 생각한다.

　여기 민철이와 선생님의 대화가 있다.

　"선생님, 윤리학 책이랑 서양 철학사 책을 좀 읽어 보았더니 도덕 원리를 절대적으로 여기는 철학자들이 있는가 하면 상대적으로 여기는 철학자들도 있더군요."

"민철이 기특하구나. 그래, 네가 읽고 생각한 것을 좀 더 자세히 이야기해 보겠니?"

"예. 도덕 원리는 결국 도덕의 기준이에요. 말하자면 도덕의 토대나 잣대 같은 거죠. 예컨대 우리가 행동의 옳고 그름을 구분하기 위해서는 도덕 원리가 필요하잖아요? 제가 보기에 플라톤이나 헤겔 또는 칸트 같은 관념론 철학 계통의 철학자들은 도덕 원리를 절대적인 것으로 봐요. 그런가 하면 고대 그리스의 궤변 철학자들이나 근대의 공리주의자들, 유물론자들과 실용주의자들은 도덕 원리를 상대적인 것으로 보죠."

"민철이 굉장한데! 고등학생이 서양 철학을 그렇게 꿰뚫어 보기가 쉽지 않은데, 정말 놀랐다. 훌륭해. 그럼 플라톤이나 칸트의 도덕 원리에 대해서도 설명해 볼 수 있겠니?"

"예. 하지만 플라톤이나 칸트의 작품을 직접 읽은 것은 아니고 서양 철학사 책을 읽으며 정리한 거라서 대강밖에는 몰라요."

"대강이라도 정리해 보렴."

"플라톤에 의하면 인간의 영혼은 세 가지 능력을 가지고 있는데 그것은 이성, 감정, 욕구예요. 이들 능력이 옳게 사용될 경우 그것들은 기본 도덕에 이르게 되죠. 이성은 지혜에, 감정은 용기에, 그리고 욕구는 절제에 이르게 되는 거예요. 지혜는 최고의 덕으로서 용기와 절제를 지배하고 규제하죠. 지혜와 용기와 절제가 각각 옳게 행해질 때 덕이 성립되는데, 이 덕이 바로 정의(正義)예요. 플라톤은 정의야말로 최상의 덕이라고 했죠. 플라톤에게는 지혜, 용기, 절제 이 세 가지

지혜로운 왕
용맹한 무사
농부
어부
플라톤의 윤리학

가 모두 도덕 원리인데 그 중에서도 지혜가 가장 기본적인 도덕 원리예요. 그렇지만 지혜와 용기 및 절제를 다 포함하는 정의가 가장 근본적인 도덕 원리에 해당한다고 볼 수 있어요.”

“플라톤의 윤리학을 아주 명쾌하게 요약했구나. 플라톤은 윤리학을 바탕으로 삼아서 정치 철학, 곧 국가론을 세운 거란다. 지혜에 해당하는 신분은 철학자나 왕, 용기에 해당하는 신분은 무사, 절제에 해당하는 신분은 산업에 종사하는 농부, 어부, 선원인데 이 세 가지 신분의 사람들이 모여서 지혜, 용기, 절제의 덕을 각각 옳게 발휘할 때 국가는 정의로운 국가가 될 수 있다는 거지.

그러면 민철아, 이제는 칸트의 도덕 원리를 아주 짧막하게 요약해서 이야기해 볼 있겠니? 물론 플라톤이나 칸트의 윤리학을 간단하게 말하는 것이 쉽지는 않겠지만, 플라톤의 도덕 원리를 산뜻하게 요약할 정도의 실력이면 칸트의 도덕 원리도 그렇게 할 수 있을 거라고 이 선생님은 믿어 의심치 않아.”

“선생님, 칸트의 윤리학은 너무 심각하고도 철저해서 이해하기가 아주 힘들었어요. 수없이 되풀이해서 읽고 나서야 윤곽을 잡을 수 있었어요. 칸트가 말하는 도덕 원리는 두 가지인데, 하나는 준칙(準則)이고 다른 하나는 도덕 법칙이에요. 인간은 의지가 있잖아요? 의지의 타율(他律)을 이루는 게 바로 준칙이에요. 우리는 준칙에 의해 욕구를 충족할 수 있고 쾌락이나 행복 같은 내면적인 것을 보장받을 수 있는 거예요. 따라서 제가 생각하기에, 칸트의 준칙은 습관적인 도덕 원리에 해당하는 것 같아요. 예컨대 길거리에 아픈 사람이 쓰러져 있으면 도와준다든가, 나보다 어려운 사람을 위해 기부를 한다든가 하는 행위는 준칙을 따르는 행위인 거죠."

"아주 정확하게 봤다. 칸트가 말하는 준칙은 개인들의 주관적인 도덕 원리야. 그러니까 준칙은 습관적·경험적인 것이기 때문에 인간의 의지에 일정 방향을 제시하기는 하지만 본질적인 방향을 제시하지는 못하지. 칸트가 말하는 도덕 법칙은 주관적인 준칙과 달리 객관적인 도덕 원리야."

"그러니까 준칙은 경험과 함께 경험에 의해서 성립하는 도덕 원리예요. 그리고 경험에 앞서면서 경험과 상관없는 도덕 원리가 있는데 그것이 도덕 법칙이라는 거죠."

"바로 그렇지. 칸트는 도덕 법칙을 정언명법(定言命法)[*]이라고도 부르는데 그 이유를 아니?"

"준칙은 '만일 ……이면 ……해야 한다'라는 형식의 가언명법(假言命法)[*], 다시 말해서 가설적인 도덕 원리죠. 그러나 도덕 법칙은 경험과 상관없이 언제나 보편적이며 객관적으로 타당하게 정해져 있는 도덕 원리기 때문에 정언명법이라고 불리는 거예요."

"도덕 법칙의 내용은?"

"도덕 법칙의 내용이요? 그건 잘 모르겠습니다."

"칸트가 말하는 도덕 법칙의 내용은 바로 이거란다. '네 의지의 준칙이 항상 준칙인 동

정언명법
단적으로 '~해야 한다', '~해서는 안 된다'라고 명하는 것

가언명법
어떤 일정한 목적을 전제로 하여 그 실현의 수단을 지시하는 것

시에 보편적 입법의 원리로서 타당할 수 있게 행위하라.' 도덕 법칙에
의해 보장되는 것은 의지의 자유야. 다시 말해서 우리가 자유롭게 행
동할 수 있는 근거는 바로 도덕 법칙이 있기 때문인 거지. '너는 당연
히 해야 하기 때문에 할 수 있다.'라는 칸트의 표현은 도덕 법칙과 의
지의 자유를 잘 설명해 준단다."

앞에서 말한 것처럼 대부분의 종교와 아울러 관념론 철학자, 합리
론자 그리고 직관주의자들은 불변하는 도덕 원리가 존재한다고 주장
한다. 예컨대 유가 철학에서는 인, 의, 예, 지의 네 가지 덕, 즉 사단
을 기본 도덕 원리로 보기 때문에 이 도덕 원리에 따르는 인간의 본
성은 선할 수밖에 없다. 조로아스터교는 선과 악을 불변하는 종교 원
리 내지 도덕 원리로 생각지만 결국 선이 승리한다고 본다. 그러므로
불변하는 도덕 원리를 주장하는 다른 경향들과 마찬가지로 낙관주의
세계관을 제시한다고 볼 수 있다. 현대로 접어들수록 개별 과학이 발
달하고 다원적 세계관이 지배하게 되었다. 현대의 사상가들은 불변
하는 도덕 원리보다는 다원적이며 상대적인 도덕 원리를 더 많이 지
지하고 있는 실정이다.

이성으로 선을 안다

　이성을 뜻하는 그리스어 '로고스(logos)'는 원래 여러 가지 의미가 있었다. 로고스는 세계 원리, 말, 이성, 법칙, 신의 말씀 등의 의미였지만 세월이 흐르면서 '인간의 이성'이라는 의미로 고정되었다. 이성이 무엇인지 쉽게 알 수 있는 방법은 이성을 감정과 대립시켜 보는 것이다. 감정은 격정 및 열정과 관련이 있으며 온몸으로 표출된다. 그러나 냉철한 이성은 두뇌 작용이며, 이성은 수학적·논리적 계산 능력에 해당한다. 즉 인간의 이론적 능력이 이성이다.

　선을 알고 동시에 행하는 능력이 이성이라고 주장하는 대표적인 철학자 두 사람은 아리스토텔레스와 스피노자이다.

　민수와 선생님의 대화를 들어 보자.

"선생님, 그리스의 철학자 아리스토텔레스는 인간의 이성을 수동 이성과 능동 이성으로 구분했다는데 이성이면 이성이지 수동 이성은 뭐고 능동 이성은 뭐예요?"

"민수야, 인간은 덕스럽게 살아야만 인격을 제대로 갖출 수 있겠지?"

"덕스럽게 산다는 것은 행위에서 중용(中庸)을 지킨다는 의미죠?"

"그래. 잘 이야기했다. 그런데 중용이 뭔지 알겠니?"

"그럼요. 윤리학에서 말하는 중용은 아리스토텔레스나 유가 철학이나 똑같아요. 중용은 말하자면 산술적인 중간이 아니고 어디까지나 가치론적 중간인 것이죠. 아리스토텔레스가 예로 든 것처럼, 낭비와 인색 사이의 중용은 관대함이에요. 또 무모함과 비겁함 사이의 중용은 용기죠. 부정한 행위와 그러한 행위에 의한 수난 사이의 중용은 정의(正義)고요. 그런데 선생님, 수동 이성이 뭔지 너무 궁금해요."

"아리스토텔레스에 의하면 현실적 삶의 덕은 실천적 덕이고, 이러한 윤리적 덕을 인도하고 지배하는 것이 바로 수동 이성이야. 실천적 덕은 외부의 영향을 받은 활동이고, 이러한 활동을 수동 이성이 지배한다는 거지."

"그렇다면 이성이 이중적이어서 한편으로는 수동 이성이기도 하고 또 한편으로는 능동 이성이기도 한 건가요?"

"아주 잘 봤어. 네 말대로 이성이 두 종류라는 뜻이 아닌 거지. 이성은 영혼의 능력이야. 이성 중에서도 수동 이성은 실천적 덕을 지배한다. 그런데 능동 이성의 활동은 예술적인 활동이고 또한 무엇보다도 학문적 내지 이론적인 활동이야. 아리스토텔레스에 의하면 덕스러운 삶의 고유한 목적은 행복이란다. 행복의 최고 단계는 완전히 자유로운 이성의 활동과 최고의 덕 그리고 지혜와 결합되는 쾌락이야. 그리고 행복의 최고 단계는 바로 능동 이성 때문에 가능한 거란다."

"선생님, 그렇다면 아리스토텔레스의 수동 이성은 실천적 덕과 관련이 있고 능동 이성은 이론적 덕과 관련이 있다고 봐도 될까요? 아리스토텔레스에게는 이론적 덕이 실천적 덕보다 우위에 있으니까 말이죠."

"물론이지. 그러니까 능동 이성도 수동 이성보다 우위에 있는 게 분명해."

"그런데 선생님, 이성에 의해서 인식되는 윤리적 가치를 중시한 대표적인 철학자 중 하나는 네덜란드의 근대 합리론 철학자 스피노자라고 알고 있어요. 읽은 지 오래되어서 기억이 희미한데 스피노자의 이성과 도덕적 가치는 어떤 관계가 있나요?"

"스피노자도 아리스토텔레스처럼 합리론자야. 합리주의자라고도 하지. 즉 인간을 인간이게끔 하는 능력을 이성으로 보는 사람이란다. 스피노자는 세계를 자연이라고 봤고 자연은 바로 실체이자 신이라는 거지."

"이해가 잘 안 가네요."

"응. 스피노자는 하나의 세계를 자연이라고 불렀고, 이러한 자연은 그 자체가 원인이니까 실체라고 부른 거야. 오직 하나의 자연이면서 실체니까 이것을 신이라고 한 거지."

"스피노자가 말하는 신은 기독교의 유일신과는 다르네요? 그렇다면 자연이 곧 실체이며 신이겠네요? 그럼 자연의 일부인 우리 인간도 신의 일부가 되는 거겠네요?"

"그래서 스피노자의 철학을 범신론 철학이라고 하는 사람들도 있단다."

"그럼 이제 스피노자의 이성과 윤리적 가치의 관계를 좀 설명해 주세요."

"민수야, 그렇게 서두르지 마라. 매사엔 처음과 끝이 있는 법이야. 스피노자에 의하면 자연은 자연법칙의 지배를 받는단다. '모든 사태는 자기 안에 존재하는 한에 있어서 자신의 존재 안에 지속하려고 한다.' 이것이 바로 자연법칙이지."

"좀 더 쉽게 설명해 주세요."

"자연 만물은 모두 힘을 가지고 있어. 힘의 가장 기본 형태는 노력이나 경향이야. 이 노력이 구체화되면 욕구가 되고 특히 욕구가 인간에게서 의식화되면 그것이 욕망인 거지. 그러니까 노력이나 욕구, 욕망 모두 자연법칙의 지배를 받는단다. 스피노자에 의하면 인간의 도덕적 삶 역시 자기보존의 법칙, 곧 자연법칙의 지배를 받아. 다시 말해서 스피노자의 도덕 철학의 목표는 자기보존이야. 여기서 중요한 것은 자기보존의 법칙을 아는 것은 바로 이성이라는 사실이란다."

"알쏭달쏭하네요. 좀 더 설명해 주세요."

"이성이 아는 자연법칙에 의해서 인간의 삶이 정리될 때 우리의 삶은 덕스럽고 자유롭고 힘차며 행복하다는 뜻이야."

"그거 참 합리론자다운 이야기네요."

"그렇지. 부언하자면, 스피노자에 의하면 자기보존에 도움이 되는 것은 인식, 진리, 덕, 자유, 강함, 힘, 행복 등이야. 그리고 반대로 자기 파괴에 기여하는 것은 오류, 부담, 노예 상태, 약함, 무력함, 비참함 등이지."

일반적으로 아리스토텔레스나 스피노자와 같은 합리론자들은 윤리적으로 볼 때 낙천주의자들이다. 그들은 이성에 의해 인간이 여러 가지 감정들을 통솔하고 지배함으로써 지혜롭고 용기 있으며 정의로운 삶을 이끌어 갈 수 있다고 믿었다. 더 나아가서 그들은 이성적 판단과 활동에 의해 행복한 사회를 확립할 수 있을 것으로 생각했다. 그러나 경험론자들과 회의론자들 그리고 유물론자들은 인간의 이성을 부정하고 오히려 감각 경험을 인식이나 도덕적 가치의 토대로 여기므로 합리론자들과는 전혀 다른 윤리적 가치관을 제시할 수밖에 없다.

공리주의와 선의 관계

'최대 다수의 최대 행복'을 기치로 내걸고 선과 쾌락과 행복을 똑같은 것이라고 주장한 입장은 공리주의(功利主義)이다.

진아와 은주의 대화를 들어 보자.

"은주야, 어젯밤에 벤담*의 공리주의에 관해 읽었는데 아주 흥미로웠어."

"진아 너, 누가 예비 철학도 아니랄까 봐 또 철학책 읽은 거 자랑하는 거야?"

"그런 거 아니야. 공리주의에 너무 공감이 가서 그래."

"공리주의나 실용주의나 다 원인보다는 결과의 가치를 중시하는 입장 아니야? 현대인은 모두 공리주의자일걸? 그런데 어떤 점에서 그렇게 공감이 갔는지 궁금한데?"

"우선 간단히 공리주의를 소개할게. 공리주의를 처음 주장한 인물은 제러미 벤담이야. 영국 산업 혁명 시기의 급진적인 유산 계급(부르주아) 사상을 대표한 사람으로 알려졌지. 벤담은 당시 법학자, 정치학자, 윤리학자 그리고 변호사로서 다양한 사회 활동에 앞장섰어. 벤담은 쾌락과 고통을 양적으로 계산할 수 있다고 믿었단다. 그는 인간 행위의 동기가 고통을 피하고 쾌락을 추구하는 데 있다고 보았어. 그래서 쾌락을 늘리는 유용성(utility)이 바로 도덕이라고 했지."

"벤담의 공리주의가 뭐 대단한 것인 줄 알았는데 그렇지도 않은 것 같네. 그렇다면 벤담이 말했다는 '최대 다수의 최대 행복'은 정확히 어떤 의미야?"

"은주야, 유용성을 잘 생각해 봐. 뭔가 쓸모 있는 것은 나에게 좋고 쾌락을 가져다주지? 벤담이 말한 '최대 다수의 최대 행복'은 단지 개인적인 행복만을 말한 것이 아니야. 그것은 개인의 행복과 아울러 사회적 행복도 포함되는 거야. 그러니까 '최대 다수의 최대 행복'은 '최대 다수의 최대 유용성'이나 '최대 다수의 최대 쾌락' 또는 '최대 다수의 최대 선'과 일맥상통하는 개념이지. 아니, 다 같은 의미라고 봐도 돼."

"네 설명이 워낙 친절하니까 무슨 말인지 이제야 알겠다. 그런데 18세기 영국은 산업혁명이 절정에 달한 때잖아. 수공업이 기계 공

벤담(1748~1832)
영국의 철학자·법학자. 공리주의를 주장했다.

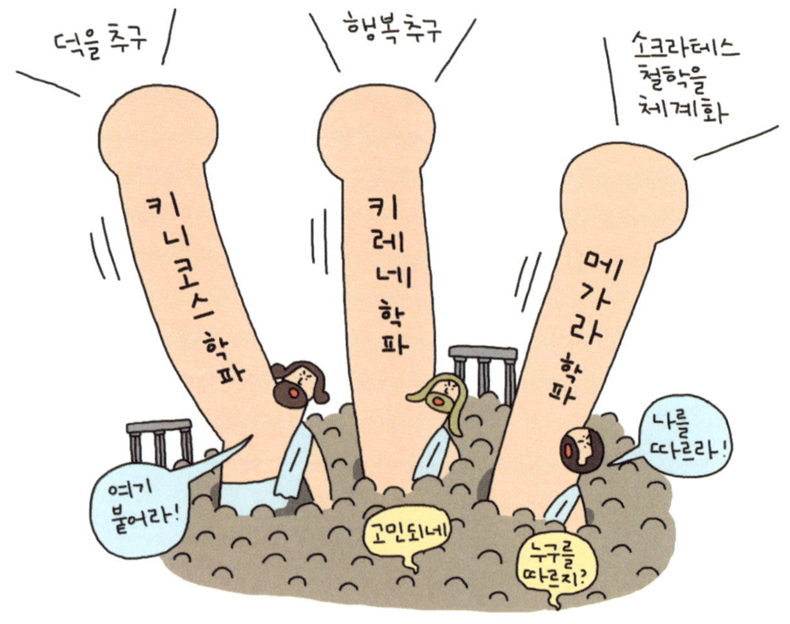

업으로 전환되었고 동시에 분업이 본격화되어 생산이 엄청 늘었지.
물론 산업 혁명 이전부터 시작되기는 했지만 영국은 정말 해가 지지
않는 거대한 식민지를 지구 곳곳에 두었고, 산업 혁명으로 인해 증가
된 엄청난 상품들을 쉽게 팔아먹을 수 있었어. 영국에서는 이 시기가
자본이 급속도로 자본을 축적하던 자본주의의 절정기였지. 그런데
문제는 노동자들은 노동을 하면 할수록 더 빈곤해진 반면 자본가들
은 더욱 더 부유해졌다는 거야."

"은주 너는 공리주의에 대해 이야기하면서 오히려 자본주의를 비
판하는 거야?"

"공리주의에 대해 이야기하다 보니 전에 읽은 것들이 생각나서 그래. 그런데 진아야, 최대 다수의 최대 행복을 이야기할 때 최대 행복은 최대 쾌락과 같기 때문에 공리주의는 일종의 쾌락주의야. 네 말대로 하면 벤담은 쾌락과 고통을 비교하고 계량(計量)할 수 있다고 보았고, 쾌락이 많을수록 행복한 거라고 했지. 그런데 벤담의 쾌락주의는 고대 그리스의 쾌락주의와 어떤 점이 다른지 알아?"

"응. 고대 그리스의 쾌락주의에 대해서는 얼마 전에 읽어 봐서 확실히 기억하지. 소크라테스가 죽고 나자 소크라테스의 사상을 계승하려는 소위 소크라테스주의자들이 나타났어. 이들은 세 부류로 나뉘었는데 첫째 부류는 덕스러운 삶을 추구하려는 사람들, 둘째 부류는 행복 추구를 정립한 사람들, 셋째 부류는 소크라테스 철학을 이론적으로 체계화하려는 사람들이었어. 이들이 각각 키니코스학파˚, 키레네학파˚ 그리고 메가라학파˚야."

"이젠 진아 네가 징그러울 정도다. 그래서 늘 전교 1등을 놓치지 않는구나. 그래, 고대 그리스의 쾌락주의는 어떤 거야?"

"너무 띠우지 마. 소위 사상이란 마음의 여유를 가지고 이해하고 음미해야만 공감하고 체험할 수 있으니까 말이야."

"그만 뜸 들이고……. 그리스의 쾌락주의

에 대해서나 더 설명해 줘."

"키레네학파의 철학자들은 쾌락주의자들이야. 키레네학파의 창시자는 아리스티포스인데 이 사람은 처세술에 능하고 여러 방면에서 노련한 사람이었어. 아리스티포스는 소크라테스와 마찬가지로 삶의 목적을 행복으로 보았어. 그는 향락과 쾌락을 행복의 내용으로 여겼지. 그런데 은주야, 여기서 생각 좀 해 봐. 벤담은 고통을 피하고 쾌락을 얻은 상태가 행복이라고 했지? 벤담이 말한 쾌락이나 고통이 어떤 것인지 명확하지 않지만 다분히 물질적이며 신체적인 것일 거야. 이제 다시 키레네학파의 아리스티포스의 입장을 살펴보자고. 그는 어리석고 맹목적인 감각 쾌락이나 향락이 아니라 현명한 통찰이 가져다주는 쾌락과 향락이 행복을 가능하게 한다고 생각했어."

"그렇다면 최고의 행복은 순수한 정신적 쾌락과 향락에 의해서 가능하다는 말 아니야? 우리는 보통 쾌락이나 향락을 물질적·육체적인 것으로 여기는데 그리스의 쾌락주의자들은 정신적 쾌락주의자들이구나?"

"그래. 정신을 끊임없이 도야해서 삶과 세상의 지혜를 얻어야만 정신적 쾌락이나 향락이 가능하고, 이렇게 해서 얻은 정신적 쾌락과 향락의 상태가 바로 행복이라는 거지."

"진아야, 실용주의자들도 공리주의자들과 비슷한 생각을 가지고 있다는데 그게 무슨 말인지 설명해 줄래?"

"응. 도덕적 가치 면에서 보자면, 유용성을 도덕의 가치라고 주장하는 쪽이 공리주의고, 실용성을 도덕의 가치라고 보는 쪽은 실용주의야. 실용주의는 간단히 말해서 미국의 철학이야. 실용주의자 윌리엄 제임스●는 '신을 믿는 것이 나에게 유용하면 신은 존재하는 것이고, 신을 믿는 것이 나에게 이익이 되지 않으면 신은 존재하지 않는 것이다.'라는 실용적인 주장을 했대."

공리주의는 경험론을 바탕으로 영국에서 발달한 철학 사상이다. 벤담은 다분히 물질적·신체적 쾌락을 행복으로 보았지만, 존 스튜어트 밀에 이르러서는 오히려 정신적인 쾌락을 행복으로 여기는 경향이 강하게 나타났다. 그러나 육체적 쾌락과 고통을 양적으로 계산할 수 있다는 벤담의 주장과 정신적·질적 쾌락은 행복이라는 밀의 주장은 그 성격이 비슷하다.

쾌락, 고통, 행복 등은 다양한 자연과학을 비롯해 심리학 및 종교학 등의 협동 연구가 필요한 주제들이다.

칸트의 도덕 법칙

언제부터인가 사람들은 도덕적 가치와 연관해서 수많은 비판들을 쏟아 놓았다. 세상에 대한 부정적 인식은 그러한 비판을 듣는 것에서 시작된다고 볼 수 있다. 다음과 같은 이야기들이 바로 그렇다.

"요즘 말세야, 말세. 아, 나이 서른이 넘은 자식이 술을 잔뜩 퍼먹고 아버지한테 용돈 내놓으라고 떼쓰다가 아버지가 야단을 치니까 글쎄 자기 아버지를 때려서 숨지게 했다는 거야. 정말 도덕이 땅에 떨어질 대로 떨어지고 말았어."

"말도 마. 소위 목사님이나 스님이 신도들을 성폭행한 혐의로 법정에 서게 됐다는군. 정말이지 말세가 아니고 뭐야? 성스러운 성직자들이 모범은 되지 못할지언정 짐승만도 못한 짓을 하다니 그게 어디 사람의 얼굴을 하고서 할 짓이냐 이거야."

"배운 사람이고 못 배운 사람이고 하는 짓 보면 다 똑같다니까. 기업인들이 장관이나 대통령 친인척에게 엄청난 뇌물을 바치는 게 관행이라며 큰소리치고 있으니……."

"아무렴. 도대체 선진국이 뭐야? 도덕적으로 깨끗한 국가 아니겠어? 어떤 신문 기사에서 세계 여러 국가들과 비교한 우리나라의 국가 청렴도를 봤는데, 아직 까마득하더라고. 황금만능주의, 외모지상주의, 학벌과 인맥 중시 같은 현상들이 모두 도덕적 가치를 흐리게 만드는 것들이지."

"아, 요새는 아기들도 돌잔치에서 만 원짜리 돈을 먼저 집더라고. 연필, 실타래, 떡, 청진기, 의사봉 등 여러 가지 물건이 있는데도 아기가 만 원짜리 돈을 집으면 부모들 입이 함지박만큼 벌어지지 뭔가. 참 한심한 세상이지."

"청소년들이 술, 담배 하는 거 보면 할 말을 잃는다니까. 어디 그뿐인가? 젊은 애들 이성 관계도 마음 내키는 대로들이지. 아무 데서나 껴안고 입 맞추고, 도대체 부끄러운 걸 모른다니까. 어떻게 그럴 수 있지?"

"젊은이들만 나무랄 수는 없지. 어른들이 어른답게 도덕 가치를 제대로 지켰다면 이 지경까지는 안 되었을 거야. 다 어른들 잘못이지."

정상적인 의식을 가진 사람이라면 당연히 사회 관습을 지키게 마련이다. 우리는 현실에서 유교, 불교, 기독교 등의 도덕적 가치가 얽혀 있는 사회 관습을 따른다. 하지만 내면적으로 지배적인 도덕 가치는 유교적인 것임을 부정하기가 힘들다.

젊은이들은 어른들에게 존댓말을 하며, 술을 마실 때도 술잔을 공손히 들고 몸을 옆으로 돌려 어른에게 예의를 표하면서 마신다. 버스나 전철을 타도 젊은이는 노약자나 임산부가 앞에 있으면 자리를 양보한다. 어른들은 젊은이들로부터 이런 대접을 받을 때 정중하게 감사를 표하며 젊은이들을 존중한다. 정상적인 의식을 가진 사람들이 이렇게 사회의 도덕 법칙을 지키기 때문에 사회는 질서를 가지고 조화롭게 굴러갈 수 있는 것이다.

사람들이 비정상적인 의식을 가질 때 이른바 예의범절은 무질서해진다. 아이들이나 청소년들은 어른 앞에서 막말을 하고 멋대로 술을 마시고 담배를 피우며 심지어는 부모에게도 시도 때도 없이 화를 낸다. 사회 전반에는 부정부패가 난무하고 뇌물을 주고받거나 탈세를 하는 행위가 아무렇지 않게 일어난다. 사기와 강도가 빈번해지고 성폭력도 자주 일어난다. 이렇게 도덕적 가치관이 혼란에 빠진 사회에서는 미래 지향적인 사회상을 기대할 수 없다.

우리 사회는 도덕적으로 어떠한가? 아직까지는 도덕적 가치관에서 희망이 있는 사회다. 대부분의 사회 구성원이 건전한 가치관을 가지고 도처에서 건강한 삶을 이끌어 가고 있다. 고달픈 일상에서도 사회 관습을 건전하게 지켜 나가고 있는 것이다. 대부분의 사람들은 다른

사람을 수단으로서가 아니라 목적으로 대하면서 소위 도덕 법칙을
성실히 지키고 있다.

제하와 선생님의 대화를 들어 보자.

"선생님, 칸트라는 철학자는 인간이면 누구나 도덕 법칙을 따라야
한다고 말했다는데 그가 말한 도덕 법칙은 뭐죠?"

"제하야, 그건 그리 간단한 문제가 아니니까 차분히 들어 보렴. 인
간은 한편으로는 자연을 따르고 또 한편으로는 이성을 따르지? 무슨
말이냐 하면, 인간은 다른 동물들처럼 자연법칙을 따르는 경향이 있
지만 다른 한편으로는 이성에 의해 도덕 법칙을 따른다는 뜻이야."

"그러면 칸트도 인간을 이성적 존재로 본 거네요? 그런데 선생님,
도덕 법칙이 뭐예요?"

"칸트는 도덕 법칙을 무제약적 실천 법칙이라고도 했어. 우선 칸
트는 주관적 의지와 선의지(善意志)를 구분한단다. 개인들의 주관적
의지가 지키는 것은 준칙이야. 그러나 선의지가 지키는 것은 도덕 법
칙이지. '네 의지의 준칙이 항상 준칙인 동시에 보편적 입법의 원리
로서 타당할 수 있게 행위하라.' 이것이 바로 도덕 법칙을 말하는 거
란다."

"아, 선의지와 도덕 법칙은 불가분의 관계에 있는 거군요."

"그렇단다. 너희들 교과서에도 잘 나와 있는 것처럼, 칸트는 이 도
덕 법칙을 정언명법이라고도 했어. 가설적인 법칙인 가언명법에 반
대되는 말인 정언명법이란 필연적으로 정해진 법칙이라는 뜻이야."

"쉽게 말하면 주관적 기준이 객관적이며 필연적인 도덕 기준에 맞게 행동할 때 그런 행동은 가치 있고 선하다는 건가요?"

"그렇지. 아주 잘 집어냈어. 칸트는 도덕 법칙을 실천 이성의 근본 법칙이라고도 말하면서 그것을 다음과 같이 두 가지 다른 형식으로 표현했어. '너 자신을 포함한 모든 인격에서 인간성을 항상 동시에 목적으로 대우하고 결코 단순한 수단으로 이용하지 마라.' '모든 이성적 존재자는 자신의 준칙에 의해 항상 보편적 목적의 왕국의 입법적 성원인 것처럼 행위하라.' 좀 어렵지만 찬찬히 잘 새겨들으면 이해할 수 있을 거야."

"선생님, 다시 칸트의 도덕 법칙을 알아보고 정리해 봐야겠어요. 지금은 반 정도밖에 이해가 안 되어서요."

칸트는 누구에게나 선의지가 있으므로 주관적인 의지를 극복하고 도덕 법칙을 지켜야 한다고 주장한다. 도덕 법칙을 지키지 않으면 후회하며 양심의 가책을 느낀다. 인간은 '너는 해야만 하기 때문에 할 수 있다'는 도덕 기준을 따르는데 이것은 바로 도덕 법칙과 선의지의 관계를 말해 준다. 칸트는 인간이 의지의 자유로 인해서 도덕 법칙을 따르고 행할 수 있다고 한다. 칸트가 말하는 자유는 이성적 존재인 인간이 이성적인 도덕 법칙을 따르는 것을 말한다. 따라서 자유는 마음대로 하는 행위와는 질적으로 다르다. 도덕적 가치와 연관해서 칸트는 어디까지나 합리론자이다.

그러나 경험론자를 비롯해서 실증주의자와 유물론자는 칸트의 합

리주의적인 도덕 법칙을 부정할 뿐만 아니라 보편적인 선의지 자체
도 부정한다.

자사와 아리스토텔레스의 중용

　우리는 일상생활에서 중용의 미덕이라는 말을 가끔 듣곤 한다. 우리가 이해하는 중용은 어느 한편에 치우치지 않는 것이다. 예컨대 어떤 정책에 관해서 여당과 야당이 극단적인 입장을 취할 때 중간 입장을 가진 세력이 양극단을 조화시켜서 원만한 해결책을 이끌어 냈다면 이 중간 입장은 중용의 미덕을 발휘했다고 볼 수 있다.

　도덕적 의미에서 중용은 '산술적 중간이 아니라 가치론적 중간'이다. 예컨대 많은 사람들은 용감함과 비겁함 사이에서 적당히 용감하거나 비겁한 태도로 어정쩡한 산술적 중간 입장을 취하면서 자신의 입장을 중용이라고 강변한다. 하지만 '중용은 가치론적인 중간'이라고 할 때 가치론적 중간은 가치 도덕으로 적절함, 알맞음을 말하는 것이지 결코 수학적 중간을 말하는 것이 아니다. 예컨대 용감함과 비겁함의 진정한 중용은 용감해야 할 때 당연히 용감하게 행동하고 비겁한 태도를 취해야만 할 때는 당연히 비겁한 태도를 취하는 것이다.

진아와 선생님의 대화를 들어 보자.

"진아야, 한 달 전에 선생님이 조사해 보라고 한 거 했니?"

"예. 중용에 대해 조사하고 정리하라고 하신 거요? 서양 철학사와 윤리학 그리고 철학 사전 등을 참고해서 조사하고 나름대로 정리해 보긴 했어요. 그런데 아무래도 충분하지는 않은 것 같아요."

"그래도 똑 소리 나는 진아니까 잘 정리했으리라고 믿는다. 어디 천천히 이야기해 보겠니?"

"제가 조사한 것은 자사(子思)와 아리스토텔레스의 중용이에요. 두 가지가 대강은 비슷하지만 다른 점도 있더라고요."

"그래? 그렇다면 먼저 자사의 중용부터 들어 볼까?"

"예. 자사는 공자(孔子)의 손자인데『중용』을 썼대요.『중용』은 공자의 사상을 많이 담고 있어서 유교 철학에서 중요한 책이에요. 또『중용』은『대학(大學)』『논어(論語)』『맹자(孟子)』와 함께 사서(四書)에 속해요. 우리가 이해하는 중용은 중간에 서서 어느 한 편에 치우치지 않는 것이에요. 그러나 원래는 다른 뜻이었어요."

"그래? 어떤 뜻이었는데?"

"원래 뜻을 알고 나니 매우 흥미로웠어요. 자사는 정치적·사회적
으로 아주 혼란한 전국시대(戰國時代)에 살았어요. 그래서 사람들에
게는 사회의 변동기적 혼란에 휩쓸리지 않는 태도가 중요했어요. 중
(中)은 지나침이나 모자람, 곧 과불급(過不及)이 없는 중간을 의미하
지만, 중용에서 중은 원래 도(道)나 성(誠)과 같은 뜻이었대요. 하늘
의 도리가 '도'이고 인간의 지극한 정성이 '성'이라면, 인간이 당연히
지켜야 할 태도가 '중'이므로 도, 성, 중은 모두 절대적인 도덕적 가

치 기준이죠."

"도와 성과 중이 일맥상통한다는 것을 분명히 알게 되었구나. 참 잘했다. 그럼 중용에 관해 더 설명해 보겠니?"

"『중용』에는 다음과 같은 말이 있어요. '군자(君子)는 이(易)에 거(居)함으로써 명(命)을 기다리고, 소인(小人)은 험(險)을 행함으로써 행(幸)을 구한다.'"

"그 구절이 중용과 무슨 관계지?"

"군자는 하늘이 내려준 운명, 곧 천명(天命)을 기다리고 소인은 별의별 짓을 다 하면서 행복만 추구한다. 언뜻 보기에는 그런 말 같지만, 더 깊이 들여다보니 조금 다르더라고요. 군자는 이미 중용의 자세를 취한 사람이에요. 그러니까 중용의 자세를 갖춘 군자는 평범한 것, 곧 이(易)에 머물면서 하늘이 내려준 운명을 기다린다는 뜻이더라고요. 중용에 반(反)하는 소인은 온갖 험한 것을 행하면서 행복만 추구한다는 뜻은 같고요. 『중용』에는 또 '중용으로 말미암아 고명(高明)에 이른다.'는 말도 있는데 중용의 입장에 서면 지혜로워진다는 뜻이죠."

"진아가 깊이 있게 정리를 아주 잘 해 왔다. 선생님도 한 수 배웠구나. 하지만 자사가 말한 중용은 문제를 적극적으로 해결하지는 못하고 소극적으로 해결하는 것 같구나. 이제 고대 그리스 철학자 아리스토텔레스가 말한 중용에 대해 이야기해 볼까?"

"아리스토텔레스의 중용은 그의 책 『니코마코스 윤리학』*에 나와 있어요. 그 책은 너무 어려워서 앞부분만 좀 읽다 말았어요. 그래서 서양 철학사와 윤리학 책을 참고했어요. 『니코마코스 윤리학』의 첫 구절은 이렇더라고요. '모든 기능과 탐구 그리고 모든 종류의 고의적 활동은 어떤 선의 달성을 목표로 한 것이다. 따라서 우리는 모든 것이 목표로 삼는 것이 바로 선이라는 견해에 동의할 수 있을 것이다.' 아리스토텔레스가 보는 삶의 궁극 목적은 최고선이고, 이 최고선에 도달한 상태가 바로 행복이죠. 여기서 아리스토텔레스가 말하는 행복은 신랑 신부에게 오순도순 행복하게 살기를 바란다고 하거나, 복권에 당첨되면 무지무지 행복할 거라고 말하거나, 달콤한 케이크 하나 먹으면 너무너무 행복하겠다고 생각할 때의 행복과는 질적으로 다르더라고요. 보통 우리가 말하는 행복은 주관적인 쾌락에 속해요. 하지만 아리스토텔레스가 말하는 행복은 개인적이면서도 사회적인 것이기 때문에 행복인 동시에 복지라고도 할 수 있고 안녕이라고도 말할 수 있어요."

"진아가 아리스토텔레스의 행복론까지 다 조사했구나. 그럼 이제 아리스토텔레스의 중용에 대해 이야기해 볼까?"

"아리스토텔레스에 의하면 인간은 이성적 존재예요. 그런데 인간의 감정과 욕구는 언제나 '지나침'으로 내달리든가 아니면 '모자람'으로 내달리죠. 그래서 이성은 감정과 욕구를 통제해서 중도로 나아가게 하는데, 이 경우 인간의 태도가 바로 중용(mesotes)이에요. 가치론적인 절정으로서의 중용이라는 점에서 자사의 중용과 같지만, 아리스토텔레스의 중용이 좀 더 적극적인 것 같아요. 예컨대 비겁과 무모함의 중용은 용기고, 욕망의 지나침과 모자람의 중용은 절제이며, 오만과 비굴함의 중용은 긍지라는 거죠."

　자사와 아리스토텔레스의 중용은 산술적인 중간이 아니고 우리 인간이 마땅히 지켜야 할 도덕적 가치의 절정이다. 중용은 윤리적 입장에 따라서 절대적일 수도 있고 상대적일 수도 있겠지만, 우리가 중용을 지키면서 행동할 때 사회는 비로소 질서를 유지할 수 있고 열린사회로 발전할 수 있을 것이다.

열린도덕과 닫힌도덕

현대 프랑스의 생 철학자 베르그송은 『도덕과 종교의 두 원천』에서 도덕을 닫힌도덕과 열린도덕으로 구분하고, 종교도 정적 종교와 동적 종교로 구분했다. 물론 똑같지는 않지만, 현대의 사회 철학자이자 과학 철학자인 칼 포퍼도 베르그송과 유사한 견해를 가지고 『열린사회와 그 적들』에서 폐쇄 사회와 개방 사회에 대해 상세히 논했다.

민수와 선생님의 대화를 들어 보자.

"민수야, 두 달 전에 이야기한 거 조사 좀 해 봤니? 베르그송의 열린도덕과 칼 포퍼의 열린사회에 관해서 말이다."

"예, 선생님. 시간이 부족하기는 했지만 나름대로 열심히 조사해 보았어요. 베르그송의 『도덕과 종교의 두 원천』은 좀 읽다가 어려워서 서양 철학사와 번역서의 해설 부분을 참고하면서 읽었어요."

"그럼 칼 포퍼의 『열린사회와 그 적들』도 다 읽었어?"

"그 책은 너무 두꺼운 두 권짜리더라고요. 그리고 플라톤, 헤겔, 마르크스 등의 철학 사상을 소개하고 비판하는 것이어서 고등학생인 저로서는 도저히 이해가 가지 않았어요. 그래서 역시 조금 읽다가 서양 철학사와 해설서를 한두 권을 참고했더니 그런대로 이해할 수 있었어요."

"학교 공부하랴 책 읽으랴 아주 바빴겠구나."

"정말 그렇게 눈코 뜰 새 없어 보기는 처음이었어요. 그래도 시간을 쪼개서 한 달은 베르그송에 대해 조사하고 또 한 달은 칼 포퍼에 대해 조사했는데, 참으로 많은 도움이 되었어요."

"그럼, 베르그송의 열린도덕부터 말해 볼까?"

"베르그송은 현대 프랑스의 생 철학자로서 직관주의자예요. 그는 지성이나 이성을 피상적이고 형식적이며 실용적인 앎으로 보았는데, 참다운 앎은 직관 내지 공감이라고 했어요. 그래서 우리가 공감하는 가장 참다운 것을 삶 자체 또는 생명의 약진이라고 했죠. 베르그송은 삶 자체가 창조적으로 진화한다고 생각했어요."

"그럼 창조적 진화와 열린도덕은 밀접한 것이겠구나?"

"그렇죠. 베르그송에 의하면 사회에서 습관화되어 고정된 도덕은 닫힌도덕이에요. 폐쇄적인 도덕의 예는 얼마든지 있어요. 우리나라 조선 시대의 삼종지도 같은 것이 대표적이지요. 그뿐인가요? 남존여비의 도덕 역시 닫힌도덕이죠. 인간은 자기 자신을 반성하며 삶을 창조적으로 진화시키기 때문에 닫힌도덕을 해체하고 열린도덕을 만들어 가는데, 이것이 바로 인류 문화의 진화 과정이에요."

"아주 잘 정리했다. 네 말대로라면 베르그송은 대단한 낙천주의자구나. 그는 인간이 가장 본질적인 삶 자체를 직관하고 삶의 약진을 공감하는 이상적인 삶을 살 수 있다고 생각한 것 같다. 그럼 동적인 종교는 뭘까?"

"동적 종교에 대해서는 열린도덕과 닫힌도덕보다는 조금 덜 알아봤지만 해설서를 읽으니 어느 정도 알 수 있었어요. 베르그송은 정적 종교와 동적 종교를 대비시켰는데 정적 종교는 말하자면 정체되어 있는 습관적인 종교예요. 기독교 신자들은 일요일이면 습관적으로 교회에 나가서 예배를 보잖아요? 열정이나 종교적 각성이 아니라 습관으로 신앙생활을 한다면 그와 같은 종교는 정적 종교인 셈이죠."

"그럼 동적 종교는 열린도덕과 성격이 비슷하겠구나? 그럼 동적 종교에 관해 간단히 설명해 본다면?"

"종교개혁 당시의 신교는 동적 종교였어요. 닫힌도덕에서 항상 열린도덕이 창조적으로 진화하듯이 정적 종교에서 동적 종교가 부단히 창조적으로 진화한다는 것이 베르그송의 생각이에요."

"아주 잘 요약해서 정리했구나. 그럼 이번에는 칼 포퍼의 열린사회가 무엇인지 설명해 볼까?"

"베르그송이 생 철학자인 데 비해 칼 포퍼는 사회 철학자이자 과학 철학자이지만 두 사람의 도덕에 대한 생각은 상당히 비슷한 것 같아요. 물론 다른 점도 많지만요. 칼 포퍼는 우선 플라톤, 헤겔, 마르크스 등의 철학 사상을 폐쇄적인 독단론으로 봤어요. 어떻게 보면 이들의 사상은 결정론의 성격을 띠고 있거든요."

"왜 결정론이라는 거지?"

"칼 포퍼에 의하면 플라톤, 헤겔, 마르크스 등은 절대적으로 결정된 것을 제시함으로써 닫힌 체계의 사상을 대변한다는 거예요. 플라톤은 이데아, 헤겔은 절대정신 그리고 마르크스는 공산주의 사회 등 절대적으로 결정된 것을 제시하잖아요?"

"아, 그렇구나! 그러면 그들의 사상에 의해서 성립된 사회 역시 닫힌사회일 수밖에 없다는 뜻이고?"

"그래서 칼 포퍼는 모든 이론은 가설에 지나지 않고, 이 가설을 타파할 때 진리가 생기지만, 진리는 다시 가설이 된다고 봤어요. 칼 포퍼 역시 낙천적인 관점에서 인간은 가설로부터 진리로 가는 과정, 다시 말해서 닫힌사회에서 열린사회로 가는 과정으로 진화한다고 믿은 것 같아요."

베르그송과 칼 포퍼는 인류 문화의 역사에 대해 '낙천주의적인 발전 사관'을 가지고 있었다. 이들은 인간의 도덕 가치 역시 완전한 것을 향해 진화할 것이라고 믿었다. 그러나 토인비와 같은 역사학자는 인류 역사란 망하다 흥하다를 반복한다는 '순환 사관'을 대변하며, 슈펭글러 같은 사람은 '몰락하는 인류 역사'를 강조했고, 쇼펜하우어 같은 철학자는 '인류 역사란 혼돈(카오스)의 과정'이라고 보았다. 이들 각자의 역사관에 따라 도덕 가치의 위치도 변한다. 우리는 좁은 관점과 동시에 넓은 관점에서 도덕 가치를 바라볼 줄 아는 원근법에 익숙해질 때 더 비판적인 가치관을 가질 수 있다.

생각해 볼 문제

1. 불변하는 도덕 원리를 주장하는 사람들은 어떤 사람들이며 그들은 어떤 근거에서 그와 같은 도덕 원리를 옹호하는가?

2. 이성에 의해서 선을 알고 또 선한 행위를 할 수 있다고 말하는 사람들은 어떤 사람들인가? 이성은 어떻게 선한 행위를 통제할 수 있는지 이야기해 보자.

3. 공리주의자들이 말하는 '최대 다수의 최대 행복'에서 행복과 쾌락과 선의 관계를 이야기해 보자.

4. 습관적인 도덕 법칙에 대립하는 것은 칸트의 도덕 법칙이다. 칸트가 말한 도덕 법칙과 선의지가 무엇인지 이야기해 보자.

5. 자사의 중용과 아리스토텔레스의 중용을 각각 설명해 보고 양자를 비교해 보자.

6. 열린도덕과 닫힌도덕의 관계와, 열린사회와 닫힌사회의 관계를 설명해 보자.

인간은 본래부터 양심적이라고 주장하는 사람은 성선설의 입장을 지지하는 것이고, 인간은 본래부터 비양심적이라고 주장하는 사람은 성악설의 입장을 옹호하는 것이다. 현대에 들어와서는 자연과학이 눈부시게 발전했고 사회과학도 큰 진전을 보인 결과, 인간의 본성을 논하기보다는 오히려 인간의 행동을 논하는 양상이 두드러졌다. 따라서 인간의 행동이 선한 의도로 선한 결과를 가져왔는지 여부를 논하는 것이 현대 윤리학의 일반적인 경향이다.

양심과 종교는 가치의 기준인가

양심적인 사람들

사람들은 양심에 대해 여러 가지로 말한다.

"저 젊은이는 양심도 없어. 전철에서 다리를 꼰 채 눈을 꼭 감고 앉아서는 노인이 앞에 있어도 양보할 생각을 털끝만큼도 안 하네. 정말 너무 하는군."

"우리 옆집 단칸방에 세 들어 사는 노부부가 있는데, 글쎄 알고 보니 자식이 셋이나 있대요. 그런데 자식들이 정말 양심도 없어요. 몇 달에 한 번 잠깐 들러서 마지못해 용돈 몇 푼 던지고는 부리나케 가 버려요. 늙은 것도 서러운데 자식들한테 푸대접을 당하니 그 서러움이 오죽하겠어요?"

"너무 그러지 마세요. 양심적인 사람들도 꽤 많아요. 내가 지난달에 제주도에 갔다가 지갑을 통째로 잃어버려서 얼마나 발을 동동 굴렀는지 몰라요. 아, 그런데 얼마 전에 그 지갑이 택배로 왔지 뭐예요? 카드와 돈이 고스란히 담긴 채 말이에요. 그래서 지갑을 부쳐 준 그 사람한테 보답으로 선물을 보냈다니까요"

"사람이면 누구나 양심이 있게 마련이에요. 잘못된 행동을 하면 누구나 양심의 가책을 느끼면서 괴로워하니까요."

"맞아요. 이 세상에는 사악한 사람들보다는 양심적인 사람들이 훨씬 더 많아요. 시험 볼 때 모두가 양심적이니까 자기 실력대로 점수가 나오는 거죠. 만일 시험 보는 사람들이 모두 다 비양심적인 행위를 하며 수단 방법을 안 가린다면 어떻게 되겠어요? 아이티에서는 지진 사태 이후에 비양심적인 약탈이 심했다면서요? 워낙 극한 상황이라 그랬을 거니 사태가 정상화되면 사람들은 곧 양심을 되찾을 거예요."

"나는 인간에게 타고난 불변하는 양심, 곧 선한 마음은 없다고 믿어. 왜냐고? 예컨대 한국전쟁을 한번 돌이켜 봐. 적이라고 생각되면 무조건 죽이잖아? 전쟁터에서는 나 살고 너 죽자, 그것뿐이라고. 도대체 그밖에 뭐가 있다는 거야? 그리고 히틀러와 나치 당원들이 수백만에 달하는 유대인들과 외국인을 학살한 사실을 떠올려 봐. 이런 사실 앞에서 과연 불변하는 양심을 논할 수 있을까?"

"그건 너무 일방적인 주장이야. 독일인들은 지금 2차 대전이 끝나고 수십 년이 지났지만 여전히 참회하고 있고, 특히 유대인들에게 최

지금은
빨간불!
신호를 지켜야지

융통성 없네!
차도 없으니
그냥 건너.

선을 다해 보상하고 있어. 이 사실은 인간이면 누구나 양심이 있다는 걸 증명하는 거지."

"나는 누구나 양심을 가지고 태어난다고 믿어. 인간이 다른 동물들과 다른 것은 바로 양심이 있다는 사실이야. 양심이 뭐냐고? 그건 바로 도덕적으로 선한 마음이지."

"나는 입장이 달라. 양심도 역시 사회적인 것이 아닐까? 두 사람의 운전자가 있다고 해 보자고. 한 사람은 빨간 신호등인데도 다른 차나 행인이 없으니까 사방을 살펴본 후 사거리를 그냥 통과했어. 다른 한 사람은 빨간 불이 꺼지고 파란 불이 될 때까지 기다렸다가 지나갔어. 일반적으로 우리는 신호를 지킨 사람을 양심적이라고 하겠지. 하지만 이때 신호를 안 지킨 사람은 이렇게 주장할 거야. '신호등이야 빨간색이긴 했지만 나는 충분히 사방을 다 살펴보고 아무도 없기에 지나간 거야. 오히려 교통 소통을 원활하게 하는 데 도움이 되었으니까 양심에 거리낄 게 없어.' 이러고 보면 양심은 경우에 따라 다르고 사회적인 성격을 띠는 것이 분명해."

"그래 맞아. 특히 정치인들을 보면 양심은 분명 사회적인 거야. 정치인들은 처음에는 정치 자금은 합법적으로 받았고 뇌물은 한 푼도 안 받았다고 선언하지. 나중에 뇌물을 받은 사실이 밝혀져도 그것은 어디까지나 합법적인 정치 자금이니까 전혀 부끄러울 게 없다고 강변하더라고. 그러고 보면 양심이란 사회적 상황에 따라 이럴 수도 있고 저럴 수도 있는 것 같아."

　양심이 선한 마음이라고 할 것 같으면 비양심은 악한 마음일 것이다. 인간은 본래부터 양심적이라고 주장하는 사람은 성선설의 입장을 지지하는 것이고, 인간은 본래부터 비양심적이라고 주장하는 사람은 성악설의 입장을 옹호하는 것이다. 자연과학이 눈부시게 발전하고 사회과학도 큰 진전을 보인 결과, 현대에 들어와서는 인간의 본성을 논하기보다는 오히려 인간의 행동을 논하는 양상이 두드러졌다. 따라서 인간의 행동이 선한 의도에 의해 선한 결과를 가져왔는지의 여부를 논하는 것이 현대 윤리학의 일반적인 경향이다.

　또한 선을 인간 본래의 성품으로 여기기보다는 도대체 선이 무엇이냐, 하는 의문이 우선시되는 것이 현대 윤리학의 추세이기도 하다. 그러면서도 선을 여전히 인간의 도덕적 본성으로 여기는 입장이 있는가 하면 선이란 인간이 사회적 관계에서 경험의 습관에 의해 습득하는 도덕적 가치로 보는 입장도 있다.

　진수와 민호의 대화를 들어 보자.

　"민호야, 네가 보기엔 현대 사회에서 양심적인 사람들이 있는 것 같니?"

　"없는 것 같아."

　"왜?"

　"그야 뻔하지. 황금만능주의 시대, 물질만능주의 시대 그리고 외모지상주의 시대가 현대 사회의 특징이니까. 진수 너도 알다시피 누구나 속으로는 남을 지배하거나 부귀영화를 누리고 싶어하잖아. 양심적인 사람이란 그냥 말로만 있는 거지. 나는 양심 자체를 부정해. 결국은 착한 척하면서 남을 지배하려는 거 아니겠어?"

"좀 심하지 않아?"

"뭐가 심해?"

"누구나 남을 지배하려고 한다니? 부모가 자식을 지배하려고 해? 또 자식이 부모를 지배하려 하는 거야? 그리고 진정한 친구끼리도 서로 지배하려고 한단 말이야?"

"하긴…… 양심이 있다고 인정해야 할 부분도 있긴 하구나."

현대 사회는 확실히 다원적인 사회다. 그러므로 양심을 놓고 보더라도 우리는 여러 가지 관점에서 양심의 의미와 가치를 살펴볼 필요가 있다. 합리주의적 관점에서든, 비합리주의적 관점에서든 양심이란 삶에 질서와 조화를 가져다주는 긍정적인 가치다.

현대에 들어와서 양심은 윤리적 입장보다는 오히려 정신 분석학적 관점에서 중요한 탐구 대상이 되었다. 예컨대 프로이트는 양심의 정체를 밝히면서 양심이란 인간의 선한 본성이 아니라 일종의 무의식으로서 자아를 통제하는 초자아(超自我, superego)라고 했다.

초자아
개인의 정신 내에서 사회나 이상의 측면과 관계 있는 것을 일컫는 말

양심의 두 얼굴

　양심에 대한 견해에는 인간의 양심을 믿는 입장과 믿지 않는 입장 두 가지가 있다.

　"사람이란 양심대로 살아야 복을 받는 법이야. 양심에 따라 행동하는 사람한테는 법이 필요 없어요."

　"아무렴. 양심에 따라 행동하면 하늘에 부끄러울 게 없지. 용감하게 양심선언을 하는 사람들을 봐. 그런 사람들 덕분에 사회가 밝아지는 거라고."

　"사람이면 모름지기 양심이 있어야 해. 양심이 없는 놈은 인간도 아니야."

"나는 양심을 믿지 않습니다. 솔직하게 말한다고 하는 사람치고 정말 솔직한 사람을 보기 힘들거든요. 마찬가지로 양심에 한 점 부끄러움 없다고 말하는 사람치고 양심적인 것 못 봤어요."

"맞아요. 나도 양심 따위는 믿지 않아요. 양심이란 불변하는 선한 마음인데 그런 마음이 과연 있기나 할까요?"

"하긴 그래. 인간의 마음은 온갖 것이 다 섞여 있는데, 불변하는 선한 마음만 따로 똑 떼어 말한다는 것은 모순이지."

예컨대 성선설을 지지하는 사람들은 양심을 옹호하지만, 성악설을 지지하는 사람들과 경험론자, 실증주의자 및 유물론자는 양심의 존재를 부인할 것이다. 양심에 관해 본격적으로 연구를 시작한 사람은 정신 분석학의 창시자인 지그문트 프로이트라고 할 수 있다.

진아와 선생님의 대화를 들어 보자.

"선생님, 우리는 양심을 변하지 않는 착한 마음이라고 알고 있잖아요?"

"그렇지. 그런데 왜?"

"정신 분석학자인 프로이트는 양심을 무의식의 일종이라고 했다는데, 양심이 어떻게 무의식이라는 거죠?"

"일상적으로 생각하는 양심은 불변하는 착한 마음으로서 누구에게나 있는 거야. 하지만 프로이트는 전혀 다른 입장에서 양심을 무의식으로 본 거야. 그런데 진아야, 프로이트가 어떤 인물인지 알고 있니?"

"예, 조금은 알아요. 유대인 의사이면서 정신 분석학을 창시한 사람이요."

"그렇다면 정신 분석학은 어떤 학문일까?"

"음……. 프로이트는 정신의학과 심리학 그리고 해부학, 신경학 등을 공부한 다음 그것들과는 다른 정신 분석학을 창시했다고 해요. 정신 분석학 이전에 프로이트가 공부하던 학문들은 모두 이성적인 자아나 의식을 연구 대상으로 삼은 데 비해 정신 분석학의 연구 대상은 주로 무의식이었지요.

정신 분석학은 정상인의 정신 상태도 연구하지만 주로 신경증(노이로제) 환자를 비롯해 여러 가지 정신 질환자들을 연구하고 치료하는 것이 목적이에요."

"진아가 나름대로 프로이트의 정신 분석학에 대해 많이 조사했구나. 프로이트의 정신 분석학은 학문이자, 관찰 방법이면서 동시에 치료 방법이기도 해. 종래의 심리학과는 많이 다르지. 프로이트는 종전까지의 심리학과 자신의 정신 분석학을 구분하기 위해 정신 분석학을 초심리학(超心理學) 또는 심층 심리학이라고 불렀어. 그건 그렇고 진아야, 의식과 무의식의 차이를 아니? 그 차이를 알아야 프로이트의 양심을 이해할 수 있단다."

"저도 인간의 정신이 무엇인지 알고 싶어서 프로이트의 정신 분석학에 관한 책을 두 권이나 읽으며 정리해 봤어요. 그런데 사실 프로이트는 의식이나 무의식이라는 말을 직접 쓰지는 않았어요."

"그래?"

"프로이트에 의하면 인간의 정신 과정 내지 영혼 과정은 세 가지로 구성되죠. 그것들은 의식된 것, 의식되기 이전의 것, 의식되지 않은 것이에요."

"무슨 말인지 알겠다. 우리는 프로이트가 '의식된 것'이라고 한 것을 '의식(意識)'으로, '의식되기 이전의 것'이라고 한 것을 '전의식(前意識)'으로, '의식되지 않은 것'이라고 한 것을 '무의식(無意識)'으로 알고 있다는 거지?"

"네. 하지만 혼동을 피하기 위해서 의식, 전의식, 무의식이라는 용어를 그냥 써 보면, 의식은 이성적 자아에 해당해요. 의식은 우리가 헤아리고 계산하는 그런 이성적인 자아의 생각이죠."

"그럼 전의식은?"

"의식과 무의식 사이에서 검열관 역할을 하는 게 바로 전의식이에요. 무의식에 있는 것이 의식으로 나와도 될 것은 내보내고 그렇지 않은 것은 무의식에 가두는 역할을 하는 것이에요. 전의식이 검열 역할을 제대로 못하고 무의식에 너무 많이 억압되면 노이로제 증세나 기타 정신 질환 증세가 생기는 거죠. 그런데 중요한 것은 의식은 정신의 일부분일 뿐이고, 충동적인 무의식이 대부분의 정신 과정을 형성한다는 거예요. 이 같은 의식 이론은 프로이트의 초기 이론이라고 하더군요."

"그럼, 프로이트의 후기 이론은 어떤 거지?"

"그러니까 정확히 1923년부터 프로이트의 정신 이론 과정에 관한 이론은 변해요. 그는 『자아와 그것』에서 정신 과정은 세 가지 힘들로 구성된다고 밝히고 있어요. 그 힘들은 각각 원초아(原初我), 자아(自我), 초자아(超自我)예요. 원초아는 무의식적인 충동적 힘이고, 자아는 이성적 의식이에요. 초자아는 무의식적인 힘이지만 충동이 아니라 바로 양심이죠. 양심이란 우리가 어린 시절에 부모에게서 도덕적 훈련을 통해 교육을 받은 것인데 우리는 그 내용을 까맣게 잊고 있다는 거예요. 우리가 양심에 따라 행동한다고 할 때의 양심은 바로 유아기에 교육 받은 도덕적인 거예요."

"참 많이 조사했구나. 정말 놀랐다. 양심이 초자아라고 하는 것은, 무의식적이지만 양심이 자아 위에서 자아를 통제한다는 말도 된다는 거 알지?"

만일 우리가 프로이트의 정신 분석학에서 말하는 양심을 받아들인다면 양심은 두 가지 얼굴을 하고 있는 셈이 된다. 하나는 누구에게나 있는 불변하는 착한 마음의 양심이고, 또 하나는 프로이트가 주장하는 무의식적인 초자아이다. 프로이트의 초자아는 많은 연구의 결과이기 때문에 다시 한 번 그 개념을 깊이 생각해 볼 필요가 있다.

여러 가지 양심의 형태

양심에 관한 정의들을 몇 가지 적어 보면 다음과 같다.

"양심은 인간 내면의 목소리다."
"양심은 의무감이다."
"양심은 도덕 법칙이다."
"양심은 학습 반응의 유형이다."

어떤 사람들은 양심은 너무나도 자명한 것이어서 자기들의 도덕적 판단은 그들 자신의 내면에 의해 이루어진다고 주장한다.

양심을 인간 내면의 음성으로 여기는 사람들은 이렇게 말한다.

"인간은 결코 거짓말을 해서는 안 됩니다. 인간에게는 내면의 목소리가 있습니다. 내면의 목소리에 귀를 기울인다면 양심의 명령을 분명히 들을 수 있습니다. 내면의 목소리는 다름 아닌 양심입니다. 내면의 목소리에 귀를 기울이지 않고 충동적으로 행동하면 판단을 그르치고 비양심적인 행동을 하게 됩니다. 내면의 음성은 거짓말을 하지 말라고 가르칩니다. 또한 절대 약속을 어겨서도 안 됩니다. 왜냐하면 내면의 음성인 양심은 반드시 약속을 지킬 것을 명령하기 때문입니다."

"맞습니다. 우리는 결코 남의 돈을 훔쳐서도 안 되고 사기를 쳐서도 안 됩니다. 왜냐하면 당신 말처럼 우리에게는 내면의 음성, 곧 양심이 있기 때문입니다. 내면의 음성이 너무 애매하다고요? 양심은 바로 신의 음성입니다. 달리 말하자면 양심은 직접적인 느낌이죠."

"나도 양심을 내면의 음성이라고 하는 데는 동의합니다. 그렇지만 양심은 실천적 이성의 자명함입니다. 어떤 행동을 할 때 생명을 해치는 일은 절대 해서는 안 된다는 것은 실천 이성의 명령입니다."

"물론 나도 양심이 내면의 목소리라는 데는 의견을 같이 합니다. 그렇지만 내가 보기에 양심은 경험 세계에서의 도덕감이에요. 그런데 경험 세계에서는 습관적으로 모든 것을 상대적으로 판단하지만 도덕심만은 변하지 않는 것 같아요. 정상적인 의식을 가진 사람이라면 선은 어디까지나 선으로, 악은 어디까지나 악으로 판단합니다. 이것만 봐도 알 수 있지 않습니까?"

양심을 인간 내면의 목소리라고 주장하는 사람들은 양심이 항상 옳고 잘못될 수 없다고 말한다. 그런데 중요한 문제는 똑같은 상황에서도 양심은 사람들마다 다르다는 사실이다. 한 사람의 양심이 상황에 따라 달라지는 것 역시 문제이다.

예컨대 서로 다른 두 사람의 아버지들이 각각 백화점에서 작은 물건을 훔쳤다고 하자. 이 경우 한 사람은 아버지를 경찰에 고발하는 것이 양심이라고 말할 수 있다. 그러나 다른 사람은 아버지니까 당연히 감싸고 고발하지 않는 것이 양심이라고 주장할 수 있다.

또 양심을 인간 내면의 음성이라고 한다면, 과연 특정한 사태에 처했을 때 모든 사람의 양심이 똑같은가, 하는 물음이 당연히 생긴다. 양심은 성장 배경, 가정 환경, 교육 과정, 인간관계, 사회적 지위 등에 따라 저마다 다른 경우가 많다. 양심은 인간 내면의 음성이라는 주장은 긍정적이기보다는 오히려 부정적인 성격이 더 강하다.

양심은 행위의 옳고 그름을 판단하는 마음의 능력이다. 따라서 양심은 우리로 하여금 올바르게 행동하도록 한다. 양심에 관한 또 다른 견해는 양심은 의무감이라는 것이다.

다음의 대화를 들어 보자.

"우리는 항상 의무감에 따라 행동해야겠죠?"

"그런데 의무란 과연 무엇일까요?"

"어떤 사람의 의무는 자기 자신이 옳다고 생각하는 것을 행하는 거예요."

"그렇다면 학교 숙제 같은 것은 의무가 아닌가요?"

"학교 숙제는 의무일 수 있지만 강제일 수도 있죠."

"이해가 잘 안 가는군요."

"학교 숙제가 옳은 것이면 그것은 의무일 수 있지만, 형식적인 과제에 불과하다면 그것은 의무가 아니라 오히려 강제에 속하겠죠."

"그렇다면 학교 숙제가 옳다고 느껴진다면, 다시 말해서 학교 숙제에 의무감을 가진다면 당연히 양심에 따라 숙제를 해야겠군요?"

양심은 내면의 목소리라는 주장과 마찬가지로, 양심은 의무감이라는 주장 역시 객관적이라기보다 주관적인 것이다. 올바름은 행동의 객관적 특징이 아니다. 왜냐하면 올바름은 행동에 관한 우리의 주관적 판단에 의존하기 때문이다. 만일 어떤 행동의 올바름이 그 행동에 관한 우리의 판단에 의존한다면 올바름은 상대적인 것이 되어 버리고 만다. 예컨대 낙태나 안락사에 관한 우리의 양심이 그 사태들에 대한 판단에 의존한다면, 우리의 판단은 다양할 수 있을 뿐 아니라 끊임없이 바뀔 수도 있다. 이 경우 낙태나 안락사에 관한 우리의 양심은 일정한 방향을 상실하고 악순환을 거듭할 우려가 많다.

양심은 도덕 법칙이라는 주장은 칸트, 그리고 칸트와 동일한 윤리설을 주장하는 사람들의 입장이다. 모든 인간에게는 경험과 상관없이 선의지가 있기 때문에 인간은 "네 의지의 준칙이 항상 준칙인 동시에 보편적 입법의 원리로서 타당할 수 있게 행위하라."는 도덕 법칙을 따른다는 것이 칸트의 주장이다.

선영이와 성민이의 다음 대화를 들어 보자.

"칸트에 의하면 도덕 법칙이 양심이라는데, 더 구체적으로 말하면 도덕 법칙을 따르는 마음이 양심이라고는 걸까?"

"물론이지. 인간은 누구나 선의지를 가지고 있기 때문에 자유에 의해서, 곧 자율적으로 도덕 법칙을 따라서 양심적으로 행동할 수 있잖아."

"비양심적인 사람들은?"

"그들도 그것이 잘못된 것임을 일깨워 주면 당연히 양심의 가책을 느끼고 후회할 거야. 그들에게도 선의지가 있으니까."

선의지나 도덕 법칙을 경험과 상관없이 본래부터 인간에게 주어진 것으로 보는 입장은 독단론이다. 칸트는 이러한 독단론을 피하기 위해서 도덕 법칙을 요청된 것이라고 말하긴 했으나 여전히 독단론을 피하기는 어렵다.

양심을 학습 반응의 유형으로 보는 입장은 심리학의 입장인데, 특히 현재 행동주의 심리학이 대변하는 견해이다. 하지만 인간의 모든 행동을 자극과 반응으로 설명하려는 태도는 지나치게 유물론적이다. 우리는 양심에 관한 여러 이론들을 충분히 관찰하고 비판함으로써 양심에 대한 더 설득력 있는 입장을 가질 수 있을 것이다.

종교의 형태

　우리가 일반적으로 알고 있는 종교들은 기독교, 불교, 유교, 이슬람교 등이다. 소위 이와 같은 세계 종교 외에도 소수의 신도들이 믿는 유대교, 단군교, 통일교, 증산교 등도 있다. 종교는 도덕, 예술, 학문 등과 함께 문화를 구성하는 중요한 요소이다. 종교는 인간만이 가지고 있는 것이기 때문에 '인간은 종교적인 존재'라고 정의할 수도 있다.

　물론 동물들에게서도 믿음과 닮은 것을 관찰할 수 있다. 만일 개가 마당에서 대문을 나가는데 우연히 나뭇조각 같은 것이 떨어져서 머리를 쳤다면 다음부터 개는 문을 나갈 때 나뭇조각이 또 떨어질 것이라고 믿기 때문에 매우 조심한다. 파블로프*의 조건 반사 실험에서는 벨을 누른 후 개에게 고기를 주는 것을 반복하다가, 나중에는 고기를 주지 않고 벨만 눌러도 개는 침을 흘린다. 이와 같은 개의 행동은 종교적 신앙과는 거리가 먼, 단지 자극에 대한 반응, 곧 조건 반사인 것이다. 그러나 인간은 자신의 의지에 의해 신앙을 가지고 종교적 체험을 구체화한다.

미진과 진수의 대화를 들어 보자.

"진수야, 너희 집안은 유교를 믿지? 지난번에 너희 집에 놀러 갔을 때 너희 아버지께서 쓰신 붓글씨를 보니까 유교 냄새가 물씬 났어. 너도 자주 삼강오륜이니 천륜이니 하는 말을 쓰는 것을 보면 유교 집안인 것이 확실해. 그럼 진수 너는 행동의 옳고 그름을 네 양심을 기준으로 판단하니 아니면 네가 믿는 유교를 기준으로 판단하니?"

"거 참 곤란한 질문인걸. 그러는 너는 불교를 믿지? 어머니랑 절에 자주 간가며? 내 대답을 듣기 전에 너부터 말해 보지 그래. 너는 옳고 그름을 양심의 기준으로 판단하니 아니면 불교의 기준으로 판단하니?"

"물론 엄마 아빠를 따라서 절에 가기도 하고 스님께서 빌려 주시는 경전을 보기도 하지만 그렇다고 해서 불교 신자라고 말하기는 좀 그런데. 설령 내 종교가 불교라고 해도 독실한 신자라고는 할 수 없어. 그러니까 내 행동의 기준은 어디까지나 내 양심이라고 봐야겠지."

"나하고는 다르구나. 내 행동의 기준은 양심이면서 동시에 천(天)이야. 천은 물론 유교에서 말하는 하늘이지. 유교에서 말하는 하늘은 저 높은 푸른 하늘이 아니야. 유교의 하늘은 우주 만물을 주재하는 신적 존재인 동시에 우주의 원리기도 해. 나는 양심을 천명(天命)이라고 생각해."

"천명?"

"응, 하늘이 준 운명 말이야."

"그러면 진수 너는 결국 네 양심을 따르는 것이 유교를 따르는 거고, 또 유교를 따르는 것이 양심을 따르는 거라는 말이구나?"

"그래, 바로 그 말이야."

무릇 종교는 몇 가지 조건이 충족되어야만 종교라 할 수 있다. 첫째로 절대자나 절대 경지가 있어야 한다. 기독교의 유일신이나 이슬람교의 알라는 절대자이다. 그런가 하면 도교의 도는 절대 원리고 불교의 깨달음은 절대 경지다. 둘째로 교리가 있어야 한다. 셋째로는 신자들이 있어야 한다.

민지와 진숙이의 대화를 들어 보자.

"진숙아, 너 일요일마다 빠지지 않고 교회에 나간다고 했지? 그런데 너 혹시 기독교라는 종교에 대해 잘 알고 있니?"

"너 지금 네가 불교 신자이고 불교 이론에도 밝다고 잘난 척하는 거야?"

"무슨 소리야? 그런 거 아니고 정말 잘 몰라서 진지하게 묻는 거야. 기독교의 핵심 이론이 궁금해서 말이야."

"아, 그래? 그렇다면 오해해서 미안해. 기독교도 알고 보면 다른 종교와 비슷해. 유한하고 상대적이며 결함이 많은 인간이 절대자에게 가까이 다가가서 더 완전한 존재가 되기 위해 노력하기 때문이지. 이것이 바로 기독교의 핵심이야."

"그런데 우주 자연을 초월한 유일신이 과연 존재하는 걸까?"

"민지야, 그럼 불교에서 말하는 깨달음은 초월적인 깨달음이 아니야?"

"그리고 보니까 기독교의 신앙은 어떻게 보면 초월적 유일신을 향한 신앙이구나. 불교의 깨달음 역시 초월적 성격이 강해. 왜냐하면 불교 신앙의 목표는 현실 세계의 무지몽매를 타파하고 완전한 깨달음에 이르는 것이니까 말이야."

"내가 보기에는 도교나 이슬람교나 그리고 네가 믿는 불교나 내가 믿는 기독교나 또 다른 여러 종교들은 모두 초월적인 것을 향한 인간의 신앙인 것 같아."

"그럼 네가 말하는 초월적인 것을 향한 신앙이란 결국 불완전한 인간이 완전을 지향하는 신앙이라는 뜻이구나?"

"그래. 종교에 관해 이런저런 책들을 보고 많이 생각해 보니, 인간의 신앙은 본질적으로 초월적인 존재를 향한 것인데, 이런 신앙이 시대와 장소에 따라 여러 가지 형태의 종교로 나타나게 된 기야."

"네 말을 들으니 나도 여러 가지 생각이 든다. 종교적 신앙은 인간 의지의 작용 아니겠어? 그런데 종교 교리가 있다면 그것은 신앙과 별로 상관없는 게 아닐까? 왜냐하면 이론은 지성의 대상이니까 말이야."

"나는 좀 다르게 생각해. 일단 의지로 확고하게 믿으면 그것을 확인하고 알기 위해서 지성으로 이론화한다고 생각해. 그래서 교리가 생기는 거지. 불교나 기독교 그리고 이슬람교나 도교는 모두 신앙이 먼저 있고, 이 신앙을 확인하고 체계화하기 위해 이론이 생겼을 거야."

"오늘 진숙이 너 덕분에 종교에 관해 많은 것을 생각하게 되었다."

무신론자에 속하는 유물론자와 실증주의자들은 신의 존재와 아울러 초월적 존재를 부정하기 때문에 종교 자체도 부정한다. 그러나 똑같은 2차 방정식에 관한 수학자들의 생각이 다른 것은 수학에 관한 기본 믿음이 각각 다르기 때문이다. 인간은 본질적으로 어떤 것을 믿으려는 의지가 있고, 믿기 위해 노력하기 때문에 종교적 존재라고 할 수 있다.

대부분의 종교인들은 종교적 신앙과 양심을 동일한 것으로 여긴다. 왜냐하면 도덕적 가치는 종교적 가치와 뗄 수 없는 관계를 맺고 있기 때문이다.

여러 종교의 발달 과정

진아와 선생님의 대화를 들어 보자.

"선생님, 인류가 탄생한 것이 300만 년 전이라는데 그때부터 기독교나 불교가 있었던 것은 아니잖아요? 그런데 왜 사람들은 기독교나 불교가 마치 처음부터 존재했고 앞으로도 영원할 것처럼 그것에 매달리는 걸까요? 종교는 문화를 구성하는 하나의 요소일 뿐이고 문화가 발전하면서 종교도 발전한 거잖아요?"

"보통 사람들은 자신이 믿는 종교가 문화의 발전으로 생겨난 것이라는 사실을 받아들이기 싫어한단다. 자기 자신이 믿는 종교가 처음부터 절대적이고 완전한 것이라고 생각하기 때문이지. 하지만 원시 종교를 보면 오늘날의 세계 종교는 원시 종교에서 발전한 것이 확실하지."

"선생님, 원시 종교는 뭐고 또 세계 종교는 뭐예요? 원시 종교는 미신 같은 것을 말하나요?"

"원시 종교는 미신에서 좀 더 발달한, 개인의 주관적인 믿음이 아니라 특정한 씨족이나 부족의 신앙을 말해. 원시 종교는 다른 말로 자연 종교라고도 할 수 있어. 원시 종교는 마나(mana)˙, 샤머니즘(shamanism), 주물 숭배(呪物崇拜)˙, 마법사 등이라고 말할 수 있지."

"선생님, 샤머니즘과 마법사는 좀 알겠는데 마나와 주물 숭배는 뭐예요?"

"초기 원시 종교에서는 인간과 자연을 지배하는 신성함이 존재한다고 믿었어. 이런 신성함은 아직 신이나 인격적인 정신의 형태는 띠지 못했어. 어떤 종족의 족장 또는 특별히 선택된 사람만이 신성한 힘을 갖게 된다고 여겼단다. 멜라네시아인들의 마나를 비롯해서 이로쿼이족의 오렌다는 인간과 자연을 지배하는 힘이야. 특정 인물에게만 그런 힘이 있고, 이 힘을 가진 사람한테는 종족에 절대적인 영향력을 행사하고 비와 농사를 좌우할 뿐만 아니라 번개와 태풍도 조절하는 능력이 있다고 믿었지."

마나
멜라네시아 일대의 원시 종교에서 볼 수 있는 비인격적인 힘의 관념

주물 숭배
주물을 신앙과 의례(儀禮)의 대상으로 삼는 주술 종교적 체계

"초기의 종교는 꼭 그리스 신화에 나오는 종교 같네요. 그리스 신화에도 초월적인 존재는 보이지 않고 신과 인간이 결혼도 하고 싸우기도 하잖아요?"

"그래, 그리스 신화와도 비슷하지."

"선생님, 그럼 샤머니즘은 어떤 거예요?"

"샤머니즘은 동북아시아 지방에 널리 퍼져 있는 원시 종교인데, 그것은 마나 그리고 오렌다와 비슷해. 샤머니즘에서는 샤먼, 곧 무당이 신성한 힘을 가지고 그 힘을 여러 사람들에게 나눠 준단다. 샤먼(무당)은 신들린 사람이고, 신들린 사람은 주술자(呪術者)야. 주술자는 신령을 대신해서 악과 재앙을 물리치고 사람들에게 복을 가져다주는 것으로 알려져 있어."

"굿판을 벌이는 무속 신앙 같은 거네요? 어디선가 봤는데 무당은 제사를 집행하고, 미래의 길흉화복을 예언하며, 질병을 고치는 역할을 담당한다는데 맞나요?"

"그래, 진아가 정확히 보았어. 샤머니즘은 마나나 오렌다처럼 자연의 온갖 사물들이 살아 있다고 보는 물활론적(物活論的) 생각에 젖어 있어. 또 샤머니즘은 특정 종족에게만 국한되어 있는 원시 종교란다."

"선생님, 그럼 주물 숭배와 마법사는 어떤 원시 종교인가요?"

"주물 숭배는 특정한 형태의 원시 종교라기보다는 마나, 오렌다, 샤머니즘 등 모든 원시 종교에 공통적으로 나타나는 특징이란다. 인간이 손으로 가공한 물건이나 인간의 손에 의해 부분적으로 가공된 자연 대상을 숭배하는 것이 바로 주물 숭배야. 주변을 잘 살펴보면 한지에 붉은 모양이나 글씨를 써서 장롱이나 집 안 깊숙이 붙이거나 지갑에 넣고 다니는 사람들이 있지? 그것은 부적이라는 것인데 그 부적이 악귀를 쫓는다고 믿는단다.

인디언 사회에서 길흉을 예언하고 전쟁과 같은 행동을 결정하는 데 지대한 영향을 미치는 인물은 바로 마법사(마술사)야. 마법사는 화려한 옷차림이나 해골 또는 가면으로 치장하고 신령한 힘을 지닌 정령이나 동물의 걸음걸이, 울음 같은 것을 흉내 내면서 막대한 힘을 발휘하는 것으로 여겨졌단다. 그러고 보면 원시 종교는 형태는 각각 다르지만 모두가 특정 씨족이나 부족의 안녕, 행복을 유지하기 위한 하나의 문화 양식이라고 할 수 있지."

"그러면 세계 종교는 원시 종교가 발전한 것인가요?"

"모두 그런 것은 아니지만 원시 종교는 일정한 과정을 거쳐서 세계 종교로 발전하기도 한단다."

"현대의 철학자들은 종교에 대해서 어떤 입장을 갖고 있는 건가요? 이를 테면, 헤겔처럼 관념론을 이야기하는 철학자들의 의견이 궁금하네요."

"헤겔 같은 철학자는 종교가 자연 종교에서 민족 종교로, 그 다음 민족 종교에서 계시 종교로 변하는 과정을 거친다고 보았단다."

"자연 종교는 곧 원시 종교인 거죠? 그런데 민족 종교는 뭐고, 계시 종교는 뭐예요?"

"민족 종교는 말 그대로 특정 민족의 종교를 말한단다. 예를 들어

 7장 양심과 종교는 가치의 기준인가

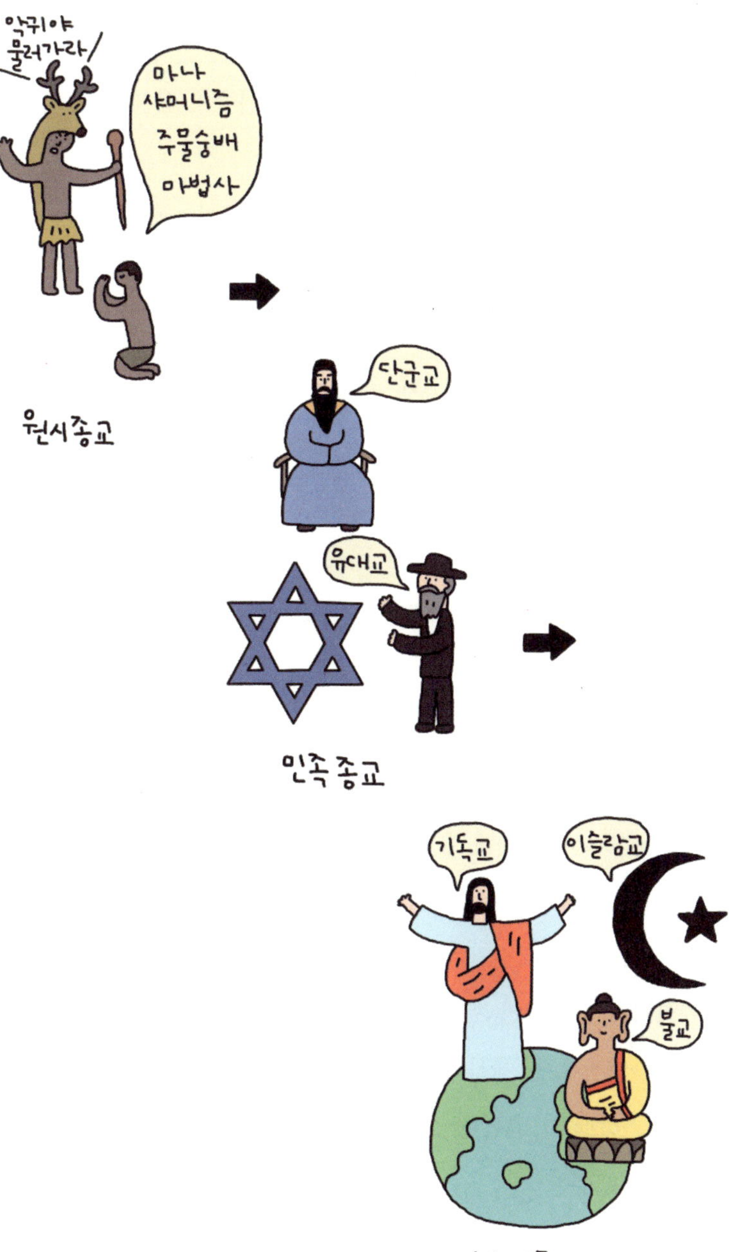

악귀야 물러가라!
마나
샤머니즘
주물숭배
마법사
원시종교
단군교
유대교
민족종교
기독교
이슬람교
불교
세계종교

볼까?"

"이스라엘인들의 유대교요. 그리고 일본인들의 신사 참배 역시 일본인들만의 것이니까 민족 종교인 거죠?"

"그래. 유대교나 단군교처럼 특정 민족이 믿는 종교가 바로 민족 종교란다."

"그런데 자연 종교나 민족 종교에서는 여러 신들이 있지 않나요?"

"자연 종교, 곧 원시 종교에서는 아직 신이라는 개념이 생기지 않고 상당히 많은 자연물들이 신적 존재로 여겨진단다. 이에 반해 민족 종교에서는 신이라는 개념이 생기고 자기 민족을 위한 강한 신과 다른 민족들의 신들이 등장하지."

"그러니까 다신론(多神論)인 거네요? 이와 달리 각자의 유일신을 주장하는 기독교, 이슬람교, 도교, 불교, 유교 등은 세계 종교인 거고요?"

계시 종교 내지 세계 종교는 인류 전체를 위한 보편적인 종교이다. 여기에서 우리는 도덕과 연관해서 종교를 이렇게 생각할 수도 있다. 즉 도덕은 인간 의지가 일상생활에서 추구하는 가치지만, 종교는 인간 의지가 초월적인 것을 향하는 데 가치가 있는 것이다. 도덕은 현실 생활의 방향을 제시하지만 종교는 항상 죽음과 관련이 있는 동시에 내세(來世)와 밀접한 관계가 있다. 따라서 종교는 미래 지향적 성격을 띤다.

현대 사회에서는 황금만능주의, 물질만능주의가 인간을 지배하게 되었기 때문에 종교 역시 황금과 물질에 물들어서 피상적·형식적인 구원만을 외치고 오히려 인간성이 소외되는 측면이 강하다. 그러므로 종교의 산업적·상업적 성격을 예리하게 비판함으로써 인간성 회복을 약속할 수 있는 자세가 절실히 요구된다.

종교와 도덕

　도덕은 언제나 종교를 포함하는 것은 아니지만 종교는 항상 도덕을 그 안에 포함한다. 도덕은 일상생활에서 옳고 그름을 가리는 가치규범인 데 비해 종교는 초월적인 것을 향한 신앙이다. 도덕이나 종교는 인간의 의지와 직결되어 있다.

　민철이와 선생님의 대화를 들어 보자.

　"선생님, 도덕과 종교에 관해서는 동서양의 수많은 사상가들이 말했지만, 제가 알아보니 프랑스의 현대 생 철학자 베르그송이 『도덕과 종교의 두 원천』에서 도덕과 종교에 관해 상세히 썼더라고요. 선생님께서 현대 유럽 철학 중 베르그송의 도덕과 종교에 관해 좀 명확히 설명해 주시겠어요?"

"그럴까? 최근 몇 년간 선생님이 베르그송, 들뢰즈, 라캉 등에 관해 읽고 있는 것을 민철이가 어떻게 알았지?"

"아, 몰랐어요. 그렇지만 선생님께서 논리학과 현대 서양 철학을 꿰뚫고 계시다는 거야 저희가 다 알죠."

"그랬구나. 인간의 의지는 처음에는 일상적인 도덕이었는데 점차 한 가지 면이 초월적 종교로 발전하면서 도덕과 종교가 갈라졌단다. 하지만 이 둘은 늘 불가분의 관계란다.

베르그송은 도덕을 닫힌도덕과 열린도덕으로 나누고 종교는 정적 종교와 동적 종교로 나누었단다. 닫힌도덕은 고정된 사회의 관습이나 제도 같은 거지. 닫힌도덕은 사회의 압력 하에서 형성되기 때문에 사람들은 거의 습관적으로 닫힌도덕을 지킨단다.

열린도덕이 어떤 것인지를 먼저 알면 닫힌도덕의 성격이 더 분명하게 드러나지. 성인(聖人)이나 영웅들이 사명감과 함께 가치관을 사회에 실현할 때 압력은 붕괴되고 사랑과 풍요로운 도덕이 실현화되는데 이 경우의 도덕이 바로 열린도덕이란다."

"선생님, 꼭 성인이나 영웅들이라야만 할 수 있나요? 평범한 인간도 각성하면 열린도덕을 실현할 수 있지 않을까요?"

"좀 민감한 문제이긴 하지만 네 말이 맞는 것 같구나. 베르그송에 의하면 인간의 정신에 있는 사랑의 약진이 열린도덕을 가능하게 한다니까 말이다."

"사랑의 약진요?"

“음……. 사랑의 약진이란 쉽게 말하면 사랑의 힘이자 공감의 힘이라고 할 수 있겠지. 끊임없이 낡은 것을 극복하고 새로운 생명과 사랑을 창조하는 원동력이 바로 사랑의 약진이라 할 수 있단다. 베르그송은 인간이 자신의 부정적인 면을 극복하고 사랑의 약진에 의해서 완전한 존재를 향해 무한히 진화할 것이라고 믿은 낙천주의적 철학자였다고 할 수 있어.”

“아, 그렇군요. 그럼 닫힌도덕과 열린도덕은 어떤 관계예요?”

“민철아, 과거 우리 사회의 남녀 불평등, 곧 남존여비는 닫힌도덕이었어. 그러나 우리의 내면에서 우러나오는 사랑의 약진에 의해서 우리는 남존여비를 극복하고 남녀평등이라는 열린도덕을 향한 길을 걸어올 수 있었던 것이지.”

“하지만 사회 곳곳을 보면 아직도 남녀평등의 열린도덕은 실현되지 않았어요. 직장에서 여성은 아직 남성보다 진급이 어렵고, 또 대부분의 직장에서 여성은 남성보다 보수도 적게 받잖아요. 그것뿐만이 아니에요. 예전의 양반과 상놈의 인간 불평등이 지금은 가진 자와 못 가진 자의 양극화로 이어져 오고 있어요. 그렇다면 우리 사회는 여전히 닫힌도덕이 아닌가요? 과연 베르그송이 말한 사랑의 약진이 우리에게는 없는 건가요? 우리 사회에서는 아직도 열린도덕을 찾아보기 힘드니 말이에요.”

“민철이 이야기를 들으니까 많은 생각이 드는구나. 로마는 하루아침에 이루어지지 않는다는 말 알지? 네 말대로 우리 사회에서 돈, 권력, 명예 등을 가진 자와 못 가진 자의 극심한 양극화가 양반과 상놈의 차이와 비슷한 것은 사실이야. 그렇지만 냉정하게 생각해 보렴. 요새는 돈, 권력, 명예, 학벌 등이 부족해도 각고의 노력 끝에 성공한 사람들이 얼마든지 있어. 외적 요소보다 본인의 노력 여하에 따라 성공할 기회가 있다는 의미 아닐까? 남녀 불평등이나 가진 자와 못 가진 자의 불평등은 과거에 비하면 많이 해소된 편이지. 과거에는 여자들이 대학교에 다니기조차 힘들었고 판검사는 물론 사관 학교에도 들어갈 수 없었어. 그런데 요새는 어떨까? 남녀 문제처럼 가진 자와 못 가진 자의 격차도 많이 줄었지.”

“선생님 말씀을 들어 보니, 그렇기도 하군요. 그럼 이번에는 정적 종교와 동적 종교에 대해 설명해 주시겠어요? 정적 종교는 그대로 멈춰 있는 종교이고, 동적 종교는 생명력을 가진 활발한 종교를 말하는 건가요?”

“말하자면 그렇지. 닫힌도덕에 대응하는 것이 정적 종교이고 열린 도덕에 대응하는 것이 동적 종교니까 말이야. 간단히 말하면 합리적 지성에 의해 굳어진 종교가 정적 종교란다. 정적 종교는 습관화된 종교야. 일요일마다 교회에 습관적으로 가서 예배를 보면 복을 받고 구원을 받는다고 지성에 의해 굳어지고 형식화된 종교가 바로 정적 종교란다.”

“그럼 동적 종교는요?”

“생명의 약진이 생기는 원천으로 돌아가서 그 원천을 예언적으로 파악하는 데서 동적 종교가 생긴단다. 말하자면 정적 종교의 알맹이를 동적 종교라고 할 수 있고, 동적 종교의 껍질을 정적 종교라고 할

수 있어. 베르그송은 우리가 동적 종교에 의해서 생명이 새로운 것을
창조하는 환희를 느낄 수 있다고 했단다. 즉 끊임없이 정적 종교를
극복하고 동적 종교로 미래를 창조할 때 진정으로 사랑의 약진의 주
인이 될 수 있다는 거지."

베르그송의 닫힌도덕과 열린도덕 그리고 정적 종교와 동적 종교에
관한 견해는 우리로 하여금 문화의 도덕적 가치를 다시 되돌아보게
한다. 인간은 도덕적 존재이자 종교적 존재이므로 결국 인간은 문화
적 존재이며, 또한 문화의 창조자인 동시에 문화에 의해 창조된 존재
이기 때문이다.

# 생각해 볼 문제

1. 양심은 자명한 것인가, 아닌가? 양심이 자명한 것이라고 생각한다면 그 이유는 무엇이고, 그렇지 않다고 생각한다면 그 이유는 어디에 있는지 이야기해 보자.

2. 일상적인 의미에서 우리가 '인간의 불변하는 선한 믿음'이라고 믿는 양심은 어떤 것인가? 그리고 정신 분석학에서 말하는 양심의 정체는 어떤 것인가?

3. 여러 가지 양심의 형태들을 열거하고, 그것들의 타당성 여부에 관해 논의해 보자.

4. 기독교, 이슬람교, 불교, 유교 등의 종교들은 어떤 가치 기준을 가지고 있는가? 이들 종교의 핵심적 신앙은 어떤 것인가?

5. 원시 종교에서 계시 종교로 발달한 과정을 살펴보자. 원시 종교와 계시 종교의 차이점은 어떤 것인가?

6. 닫힌도덕과 열린도덕의 관계는 어떤 것인가? 정적 종교와 동적 종교의 차이는 어떤 것인가?

청소년을 위한 가치관 에세이

초판 1쇄 2012년 2월 10일
초판 6쇄 2021년 5월 15일

지은이 | 강영계
펴낸이 | 송영석

주간 | 이혜진
기획편집 | 박신애 · 심슬기
외서기획편집 | 정혜경 · 송하린 · 양한나
디자인 | 박윤정 · 기경란
마케팅 | 이종우 · 김유종 · 한승민
관리 | 송우석 · 황규성 · 전지연 · 채경민

펴낸곳 | (株)해냄출판사
등록번호 | 제10-229호
등록일자 | 1988년 5월 11일(설립일자 | 1983년 6월 24일)

04042 서울시 마포구 잔다리로 30 해냄빌딩 5·6층
대표전화 | 326-1600 **팩스** | 326-1624
홈페이지 | www.hainaim.com

ISBN 978-89-6574-333-0

파본은 본사나 구입하신 서점에서 교환하여 드립니다.